AI
혁명의 미래

반도체를 넘어 인공지능으로

AI 혁명의 미래

정인성, 최홍섭 지음

이레미디어

위기인지 기회인지는 지식에 달렸다

피할 수 없는 인공지능의 물결

인공지능은 최근 전 세계를 가장 뜨겁게 달구는 키워드이다. 기술에 별로 관심이 없는 사람들도 인공지능이 다음 세대의 가장 중요한 기술 중 하나라는 것을 안다. 이에 기업체들은 경쟁적으로 AI를 도입하고 있다. 인공지능 생태계를 선도하는 Google은 2017년 직접적으로 '모바일 퍼스트'에서 'AI 퍼스트'로 전환했음을 천명했다. 안드로이드 OS로 모바일 혁명을 주도했던 Google이 모바일 다음은 인공지능이라고 점찍은 셈이다.

Google뿐 아니라 Microsoft, Apple, FacebookMeta, Amazon 등 글로벌 리딩 IT 기업들이 AI에 상당한 투자를 하고 있다는 것은 공공연한 사실이다. 국내에서도 네이버, 카카오, LG전자, SKT 등의 굴지의 대기업들이 스스로를 AI 중심 기업으로 부르기 시작했다. 또한

IDC(2020)에 따르면 신규 창업 기업의 최소 90%가 2025년까지 그들의 비즈니스 프로세스 및 제품에 AI를 도입할 것이라고 한다. 현 시점에 창업하는 스타트업 대부분이 인공지능을 신경 쓰고 있다는 것이다. 이들은 다가올 미래에 사업적 돌파구를 AI에서 찾을 수 있다고 믿고 있다.

조만간 인공지능은 우리 일상에 큰 영향을 끼칠 것이다. 과거 애니악이라는 이름의 집채만 한 컴퓨터의 등장은 극소수의 연구원들이나 정부 기관, 대기업을 위한 전유물이었다. 그런데 지금 PC를 전혀 안 쓰고 살아갈 수 있는 사람이 얼마나 될까? 인터넷과 모바일 혁명 모두 처음에는 우리들의 일상과는 아무런 상관이 없는 기술에서 시작했다. 하지만 이제는 우리 삶과 떼어 놓을 수 없게 되었다. 인공지능 역시 마찬가지 길을 가게 될 것이다.

산업 종사자들 사이에서는 매해 인공지능을 위협으로 느낀다는 비율이 높아지고 있다. 여기서 위협이란 인공지능이 발전하여 지구를 멸망시키려 한다는 의미는 아닐 것이다. 인공지능을 도입 중인 경쟁자의 발전, 신규 플레이어 등의 등장을 망라하는 의미일 것이다. 사람들에게는 위험 회피 성향이 있다. 이로 인해 사람들에게는 이미 잘 알려진 선택지, 남들이 이미 선택한 선택지 등을 택하려는 경향이 생겨난다. 인공지능 기술 도입 역시 비슷한 방향으로 흘러가고 있다. 주변에서 도입하고 있으니 가만있을 수 없는 것이다. 일종의 FOMO**Fear Of Missing Out**인 것이다.

인공지능 개발자들의 몸값이 높다는 것은 더 이상 비밀이 아니다.

현재도 인공지능을 잘 이해하고 잘 사용하는 사람은 직업 선택의 우위를 가지고 있다. 이는 기업도 마찬가지이다. 인공지능 기술을 보다 깊이 다룰 줄 아는 기업, 빠르게 인공지능을 성공적으로 도입한 기업—대기업이든 중소기업이든—은 그로 인해 미래 경쟁에서 유리한 고지를 점하게 될 것이다.

당신이 학생이라면 AI 기술이 자신의 진로와 어떤 관계가 있을지 진지하게 고민하고 있을 것이다. 더불어 학교나 학원의 커리큘럼이 커리어에 도움이 될지 여부를 판단하고 싶을 것이다. 당신이 국가정책을 결정해야 하는 공무원이라면 한정된 예산을 최대한 더 유망한 기술에 투자하고자 정보를 필요로 할 것이다. 당신이 투자자라면 다가올 미래에 인공지능 산업을 선도할 기업을 선별하기 위해 기업의 진짜 기술 수준을 판단할 수 있는 안목을 원할 것이다. 이처럼 원하든 원하지 않든 인공지능은 여러분의 삶에 점점 더 크게 영향을 끼칠 것이다. '인공지능의 물결'은 이미 피할 수 없는 시대의 흐름이다. 이 책은 이런 고민을 하고 있을 많은 이를 위해 쓰여졌다.

두려움을 극복하기 위해서

거대한 전환의 시기에는 누구나 두려움을 느끼게 마련이다. 두려움은 대개 불확실성에서 온다. 인공지능 기술과 관련해 쏟아지는 너무 많은 정보와 전망은 이 불확실성을 가중시킨다. 혹자는 인공지능이 인간세계에 디스토피아를 가져올 것이라 여긴다. 그들은 인간의 일자리는 모조리 대체되어 없어지고, 인공지능이 인간의 모든 일상을 감시하고 통제할 거라고 말한다. 영화 〈Her〉에서처럼 인간 모습을 한 로봇이 돌아다니며 점점 인간의 자리를 빼앗고, 감정을 느끼며, 종국에는 인간에 반기를 들기까지 한다는 것이다. 또 누군가는 인공지능이 사실은 별거 아니고 수십 년 전부터 해 오던 통계 처리, 패턴인식의 연장선이라고 말한다. 인공지능 기술은 이미 한계에 도달했으며 조만간 인공지능의 세 번째 겨울이 올 것이라는 이야기다. 한쪽에서는 인공지능이 인간을 뛰어넘는다는 특이점Singularity을 말하고, 다른 한쪽에서는 인공지능이 인간을 멸망시킬 것이라고 하며, 또 다른 한쪽에서는 인공지능은 별것 아니라는 투의 이야기를 한다. 이러한 상황은 수많은 사람으로 하여금 혼란스럽게 하고 있다.

이는 지식의 해상도 또는 지식의 디테일이 낮은 데에서 생기는 혼란이다. 미디어에서는 아직까지 인공지능이란 단어를 과거 〈터미네이터〉와 같은 영화의 인공지능과 비슷한 의미로 사용한다. 그리고 다른 한쪽에서는 과거 수십 년 전에 실패했던 인공지능 알고리즘들에서 얻은 교훈을 기반으로 인공지능이 잘되지 않을 것이라고 한다. 하지만 현재의 인공지능 발전은 이와는 매우 양상이 다르다. 인공지능이란 단어의 의미를 조금 더 깊고 자세하게 이해할 필요가 있다.

[그림 0-1]은 이 책의 내용을 요약한 것이다. 먼저 인공지능의 과거를 돌아볼 것이다. 단순히 인공지능의 역사를 사실관계를 중심으로 나열하겠다는 것이 아니다. 불과 몇 년 사이에 폭발적으로 확산되

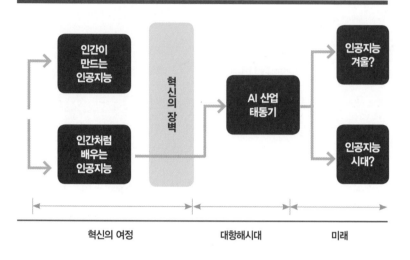

[그림 0-1] 한눈에 보는 책의 내용

| 인간이 만드는 인공지능 | | |
| 인간처럼 배우는 인공지능 | 혁신의 장벽 | AI 산업 태동기 |

인공지능 겨울?

인공지능 시대?

혁신의 여정　　　대항해시대　　　미래

며 우리 삶에 깊숙이 들어온 인공지능 기술의 뿌리를 정확히 이해하자는 것이다. 1950년대에 시작된 인공지능의 역사는 여러 좌절을 겪으며 2000년대 후반에 들어서야 돌파구를 찾았다. 이 기간이 수십 년에 달하는 만큼 그동안 연구된 인공지능 기술에도 여러 갈래가 있다. 이 중 어떤 접근 방법이 결국 혁신의 장벽을 뚫고 지금의 붐을 일으켰는지를 설명할 것이다.

다음은 AI의 대항해시대라고도 할 만큼 활발한 연구와 성과가 있었던 2010년대를 살펴볼 것이다. 10년 동안, 2010년 이전의 60년보다 훨씬 더 많은 연구가 이뤄졌다. 그리고 이런 최신 연구 성과들이 인터넷과 모바일을 통해 전 세계 연구자들에게 실시간으로 공유되며 계속해서 새로운 연구가 파생되었다. 특히 기업들이 적극적으로 인공지능 연구 개발에 참여하면서 수많은 응용 사례가 만들어졌다. 이 시기의 수많은 경험을 살펴봄으로써 우리는 많은 것을 배울 수 있다. 특히 인공지능의 종류와 구성 요소에 대해 좀 더 세부적으로 이해할 수 있다. 이를 통해 인공지능이 무엇을 할 수 있고 할 수 없는지, 어떻게 해야 좋은 인공지능을 만들 수 있을지를 알 수 있을 것이다.

마지막으로 할 일은 인공지능의 역사와 현재의 경험으로부터 인공지능의 미래를 엿보는 것이다. 기술적으로 인공지능은 어디까지 도달했는지, 새로운 혁신을 위해서는 어떤 돌파구가 필요한지 알아볼 것이다. 다른 한편으로는 기업의 관점에서 성공적으로 인공지능을 도입하기 위해 필요한 요소들을 설명할 것이다. 이 과정에서 우리는 앞으로 10년, 20년 내 인공지능 산업이 직면할 도전에 대해 이해하게 될 것이다.

AI 제국의 미래는 '인공지능의 시대'가 될 것인가, 아니면 '인공지능의 겨울'이 될 것인가? 분명 이 책을 통해 인공지능 기술과 산업을 보는 지식의 해상도가 높아질 것이다. 또한 책을 덮을 때쯤이면 여러분도 이 질문에 대한 답을 할 수 있게 될 것이다.

차례

Chapter 01 혁신을 향한 여정
: 엔드 투 엔드를 향해

Chapter
02

혁신의 결과
: 현재의 인공지능 기술

Chapter

03   인공지능을 만들고 적용하기

Chapter 01

혁신을 향한 여정:
엔드 투 엔드를 향해

인공지능이란 개념은 생각보다 매우 오래되었다. 과학자 앨런 튜링이 인공지능과 인간을 구분할 수 있는 테스트인 튜링 테스트를 만들어 낸 것이 1950년이니 그 역사를 짐작할 수 있을 것이다. 하지만 우리는 2010년이 넘어서야 인공지능 기술의 힘을 느낄 수 있었다. 그 긴 기간 동안 인공지능은 서서히 발전해 오기는커녕 되레 두 번이나 겨울을 겪었다.

이번 장에서는 과거 인공지능 연구자들이 시도했던 여러 가지 인공지능에 대한 접근 방법을 간단하게 알아볼 것이다. 알아보는 과정에서 인공지능을 현실 세계에 구현하는 데 있어 인간이 어떠한 역할을 하려 했고, 그것이 어떤 문제를 일으켜 왔는지 살펴볼 것이다. 그다음으로 인간의 뇌를 모방하려는 엔드 투 엔드 인공신경망 접근이 결국 돌파구를 찾아내기까지의 어려웠던 과정을 설명할 것이다. 과정에서 Google, NVIDIA, IBM 등 우리가 아는 많은 회사를 만나 볼 수 있을 것이다.

'지능'이라는 단어가 때때로 학술적인 의미보다는 일상 대화에서 사용하는 의미에 가깝게 사용될 것이다. 뇌 과학이나 의학 등 엄밀한 용어를 사용하며 일하고 있는 현장의 전문가분들께 미리 양해를 구한다.

인간이 만드는 인공지능

인간이 짠 규칙: 규칙 기반 프로그래밍

컴퓨터 프로그램은 인류의 삶을 크게 바꾸었다. 지금 원고를 작성하는 데 사용하고 있는 워드프로세서 프로그램, 출판사와 연락을 주고받는 데 사용하는 메신저 앱 등은 모두 프로그램의 일종이다. 하지만 컴퓨터 프로그램은 만능이 아니다. 우리가 알아볼 인공지능 기술은 과거의 컴퓨터 프로그램이 해내지 못하는 일을 해내기 위해 탄생한 것이다. 한 번 기존 컴퓨터 프로그램의 한계를 살펴보자.

컴퓨터는 숫자를 이용해 모든 작업을 처리한다. 때문에 인간이 원하는 일을 컴퓨터에게 시키기 위해서는 숫자와 작업 단위를 매칭시켜 주는 작업이 항상 필요하다. 예를 들어, 컴퓨터에서 문자열과 관련한 처리를 하고 싶다면 [그림 1-1]과 같이 A는 1, B는 2… 등 각 알파벳을 숫자에 대응시켜 주어야 한다.

[그림 1-1] 알파벳을 숫자에 대응시키는 방식

알파벳	숫자
A	1
B	2
C	3
D	4
...	...
G	7
...	...
O	15
...	...
T	20
...	...

이젠 본격적으로 컴퓨터에게 일을 시켜 보자. 컴퓨터에 사용자가 입력한 특정 단어가 '개(DOG)'인지 '고양이(CAT)'인지를 구분하는 비교적 단순한 작업이다. 위에서 만든 알파벳과 숫자 대응표에 따르면 DOG은 숫자 4, 15, 7의 조합이 되며, CAT은 숫자 3, 1, 20의 조합이 된다. 이제 컴퓨터 프로그램을 만들면 된다. 세 가지 경우만 따져 보면 된다. 들어온 문자열을 숫자로 바꿨을 때 4, 15, 7이면 DOG이고 3, 1, 20이면 CAT이다. 일치하지 않는다면 전혀 처음 보는 단어인 것이다.

이 과정에서 우리는 사용자 입력을 받은 뒤 입력값을 4, 15, 7과 비교하라는 등의 '규칙'을 컴퓨터에게 준 것이다. 이런 방식을 규칙 기반 프로그래밍이라고 부른다. 사실 일반적인 프로그래밍일 뿐이지만 최근 인공지능 기술이 대두하면서 둘을 구분해야 할 경우가 있어 편의상 나눠 부르고 있다. 인공지능 역시 넓은 범위에서는 프로그램이기 때문이다.

이번에는 조금 더 나아가서, 입력된 이미지가 개인지 고양이인지 구분하는 프로그램을 만든다고 해 보자. 컴퓨터에 들어가는 이미지 역시 알파벳과 비슷하게 숫자로 대응시킬 수 있다. 컴퓨터 이미지는 색을 가진 매우 작은 점(픽셀) 수백만 개로 구성된다. 이 점 각각을 삼원색의 배합 쌍으로 표현하면 이미지를 숫자에 대응시킬 수 있다. 예

[그림 1-2] RGB 컬러 예시

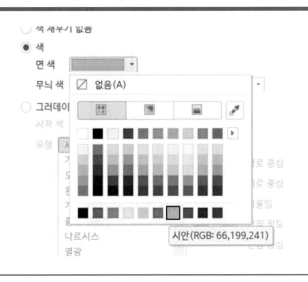

를 들어, 한 픽셀이 극단적으로 진한 빨간색이라면 R=255, G=0, B=0
이 되며, 무채색이라면 R=0, G=0, B=0으로 만드는 식이다. 문자는
숫자 하나에 대응할 수 있었지만, 색을 가진 점은 세 숫자의 쌍으로
대응해야 하는 것이다. 그리고 한 이미지는 이런 점 수백만 개로 구
성되므로 용량도 더욱 클 것이다.

　위와 같이 각 픽셀을 정의하고 나면 그다음엔 어떻게 하면 될까?
이제부터 어려워진다. 일단 비교에 사용할 기준 개 사진과 기준 고양
이 사진을 준비한다. 그다음에는 사용자가 입력한 사진을 미리 준비
한 개, 고양이 사진과 픽셀 하나씩 비교하면 될까? 당연히 안 된다. 사
용자가 입력한 개 사진이 내가 준비한 개 사진과 100% 일치할 가능
성은 사실상 없기 때문이다. [그림 1-3]과 같이 귀 모양만 더 뾰족한
고양이가 들어오더라도 컴퓨터는 두 사진을 다른 것으로 인식할 것

[그림 1-3] 프로그램이 알고 있는 고양이 사진과 약간 다른 사진을 입력한 경우

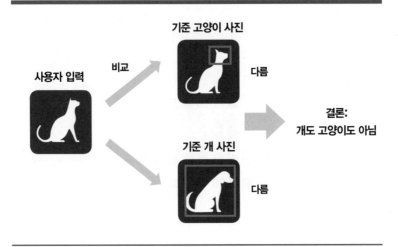

이다. 즉 이 프로그램은 개와 고양이를 구분하는 사진이 아니라, '내가 가진 사진과 완벽히 같은 사진'을 찾는 프로그램일 뿐인 것이다.

그렇다면 입력된 사진에서 특성을 뽑아내서 비교하면 어떨까? 개와 고양이를 구분 짓는 중요한 요소를 추려내 사진으로부터 뽑아 비교하는 것이다. 한 예로 개와 고양이를 판단하는 요소 중 하나가 두 눈 사이의 거리라고 해 보자. 일단 사진의 피사체는 가운데에 있을 확률이 높으므로, 사진의 가장자리는 무시하고 가운데에 있는 픽셀들을 주로 비교하도록 프로그래밍을 해 볼 수 있다. 그다음에는 사진에서 눈을 찾아내는 것이다. 대충 검은색 픽셀이 몇 십 개 뭉쳐 있으면 눈이라고 생각해 볼 수 있다. 이런 방식을 통해 사진에서 눈의 위치를 찾아내고, 눈이 2개 나온다면 두 눈 사이의 거리를 재는 것이다. 이후에 코, 입, 털 색깔 등 중요한 요소가 있다고 생각되면 마찬가지로 그 특성을 추출하는 코드를 만들어 간다. 이렇게 하면 이론상으로는 개와 고양이를 구분하는 프로그램을 만들 수 있을 것이다.

문제는 중요한 특성을 찾는 것 자체가 어렵다는 데 있다. 당장 눈, 코 등 각 동물을 비교하는 데 있어 핵심적인 특징을 어떻게 알아내는가? 세계의 몇 명 없는 동물 전문가를 찾아가서 조언을 구해야 할 것이다. 어디에 사용할지도 모르는 사소한 소프트웨어 작성을 위해 세계 최고의 석학을 만나야만 하는 것이다.

더 큰 문제는 코드의 예외가 너무 많다는 것이다. 앞서는 '검정색 픽셀이 몇 십 개 뭉쳐 있는 것'을 눈으로 간주했지만 검색엔진에서 동물 이미지를 검색해 보면 눈 모양 예외가 수두룩함을 알 수 있다. 만약 예외를 확인해 코드를 고친다 해도 또 다른 예외를 발견하게 될 것이다. 결국 이와 같은 프로그램을 만들고자 한다면 수많은 예외를 찾아내는 데 시간을 어마어마하게 소모해야 할 것이다. 세계 일류 석학의 설명을 듣고 와도 정작 그 특징을 뽑아내는 코드에 너무 큰 노력이 들어가는 것이다.

이 모든 어려움을 뚫고 개와 고양이를 구분하는 완벽한 프로그램을 만들었다고 하자. 그러면 그냥 개와 고양이를 잘 구분하고 끝나는 것이다. 이후 말, 소, 돼지 등을 구분하는 프로그램도 계속 그렇게 만들 것인가? 비용 대비 효율이 나오지 않음을 알 수 있다.

규칙 기반 프로그래밍은 현재의 IT 세상을 만든 큰 원동력 중 하나이다. 하지만 이 방법론은 인간이 잘 해내지만 논리적으로 '어떻게' 했는지 설명하지 못하는 일들을 프로그램으로 만들 수 없다는 한계가 있다. 인간 얼굴을 어떻게 구분하는지 명확히 설명할 수 있는 사람은 없다. 이런 류의 작업은 프로그램으로 만들지 못한다. 그렇기에 어린아이조차 쉽게 해내는—하지만 어린아이 본인도 어떻게 해냈는지 설명하지 못함—개와 고양이를 구분하는 일조차 제대로 해결할 수 없는 것이다. 그래서 과학자들은 다른 방법을 찾아 나서게 된다.

규칙을 주입받은 인공지능: SVM

앞서 살펴본 규칙 기반 프로그래밍은 인간이 만든 규칙이 있어야만 작동할 수 있다는 단점이 있었다. 이로 인해 예외가 발생할 때마다 코드를 고쳐야 했다. 그래서 사람들은 스스로 배우는 프로그램을 만들어 보고자 했다. 프로그램은 처음 그대로 있고, 프로그램이 결과를 낼 때 특정 데이터베이스를 참고하여 결과를 내도록 만드는 것이다. 그렇게 되면 예외가 발생할 때마다 프로그램을 다시 짤 필요가 없다. 예외가 생기면 예외에 해당하는 데이터만 데이터베이스에 갱신해 주면 되기 때문이다.

그러한 알고리즘의 대표 주자가 SVM$_{Support Vector Machine}$이다. 이 알고리즘은 1995년 베프닉$_{Vapnik}$과 코르테스$_{Cortes}$가 발표했으며, 한때는 '머신러닝'이라고 하면 이 알고리즘을 떠올릴 만큼 유명하고 널리 쓰여 왔다. SVM은 이진 분류$_{Binary Classification}$에 쓰인다. 입력된 사진에 이진 분류를 반복하면 개도 아니고, 고양이도 아니고 등등의 과정을 반복하게 되는데, 결국 동물 이름이 하나만 남으므로 동물을 식별할 수 있게 된다. 이런 특징 덕분에 SVM은 학자들의 큰 관심을 끌었다.

SVM은 쉽게 말하면 두 개의 집단을 나누는 가장 적절한 선을 찾는 문제이다. [그림 1-4]와 같이 평면에 검은 점과 흰 점이 각각 모여 있고, 검은 점(개)과 흰 점(고양이)을 선을 하나 그어 구분해야 한다고 하자. 또한 여기서 X_1 축은 눈동자의 길쭉함, X_2 축은 주둥이의 길이라고 하자. 대체로 개는 주둥이가 길고 눈동자는 둥글 것이며, 고양이는 주둥이가 짧고 눈동자가 길 것이므로 [그림 1-4]에서처럼 그려질 것이다. 여기서 SVM이 하는 핵심적인 일은 개와 고양이가 섞이지 않도록 최적의 직선을 고르는 것이다. H_1~H_3 3개의 직선 중 H_1은 검은 점(개)과 흰 점(고양이)이 직선 왼쪽에 섞이므로 적절치 않음을 알수 있다. H_2와 H_3 중에는 H_3가 가장 넉넉한 공간을 두고 두 집단을 나누고 있음을 알 수 있다. H_3가 SVM이 선택하는 직선인 것이다.

[그림 1-4] SVM의 원리[1]

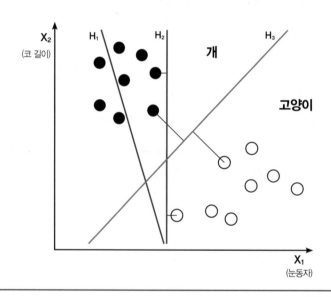

---

1 Cyc

AI 혁명의 미래

여기에서 학습과 추론의 개념이 생겨난다. 앞서 평면에 새로운 개 사진들이 추가된다고 해 보자. 새로 추가된 개들은 주둥이 길이와 눈동자 길이가 기존 개들과는 조금 다를 것이다. 그리고 데이터가 추가되면 SVM은 자동으로 두 집단을 가장 잘 나누는 새로운 직선을 계산하게 된다. 직선이 바뀌었으니 개와 고양이를 판단하는 기준이 바뀐 것이다. 이 과정에서 인간은 코드와 알고리즘을 바꾸지 않았다. 사진을 추가해 주기만 했더니 결과값이 바뀐 것이다. 학습이 이뤄진 것이다.

추론의 경우는 더욱 간단하다. 개인지 고양이인지 구분해야 하는 입력 사진에서 눈동자의 길이와 코의 길이를 잰 뒤 평면 위에 표시하

[그림 1-5] SVM 최적의 초평면 찾기

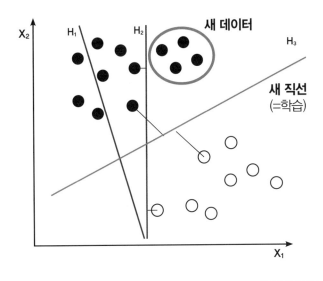

출처: wikimedia

면 된다. 만약 해당 사진이 직선 왼쪽에 있다면 개인 것이고, 오른쪽에 있다면 고양이인 것이다.

혹자는 여기에서 의문이 생길 수 있다. 만약 점들이 직선으로 나뉘지지 않고 태극무늬 형태로 분포한다면 어떻게 할 것인가? 하지만 이런 문제는 이미 과학자들이 커널 변환이라는 방법으로 해결할 수 있음을 파악했으므로 큰 문제는 아니었다.

이제 여기에서 SVM의 용어를 정리할 수 있다. H₃에 해당하는 직선을 서포트 벡터라고 부른다. 두 군집을 나누는 것을 지원하는 벡터이기 때문에 이런 이름이 붙은 것이다. 그리고 짐작하겠지만 이러한 작업을 하기 위해서는 각 사진에서 주둥이의 길이나 눈동자의 길쭉함을 측정해 숫자로 바꿔야 한다. 이 과정을 임베딩Embedding 또는 인코딩Encoding이라고 부른다. 데이터의 본질은 손대지 않고 컴퓨터가 이해할 수 있는 숫자로 변환하는 작업인 셈이다. 즉 SVM은 데이터를 임베딩해 인공지능 데이터베이스에 추가하면 서포트 벡터를 갱신하는 형태로 학습하는 인공지능인 것이다.

하지만 SVM 역시 우리가 지금 생각하는 인공지능을 만드는 데에는 실패하고 말았다. 그 이유는 임베딩해야 하는 지표들을 정의하는 것이 매우 어려웠기 때문이다. 주둥이 길이와 눈동자 모양은 개와 고양이를 구분하기에 충분한 정보일까? 아니라면 또 무엇이 필요할까? 이걸 답해 줄 수 있는 사람이 세상에 존재하기는 할까?

이 질문에 대답할 수 있는 사람이 있더라도 실제로 임베딩을 계산하는 것은 규칙 기반 프로그래밍에서 봤듯 또 다른 문제이다. 대체

AI 혁명의 미래

수많은 사진에서 무슨 수로 코의 길이를 정확히 재고, 눈동자 모양을 정확히 계산한단 말인가! 무엇보다 인간은 저렇게 복잡하게 명시적인 규칙을 생각하지 않고도 개와 고양이를 몇 번만 보면 어렵지 않게 구분하지 않던가? 그런데 왜 인공지능에는 여러 가지 규칙을 인위적으로 주입해 줘야 하는가? 해답은 이 당연한 명제 안에 숨어 있었다.

인간처럼 배우는
인공지능

인간 따라 하기: 엔드 투 엔드와 인공신경망

앞서 살펴본 규칙 기반 프로그래밍이나 SVM은 공통점이 있다. 인간이 컴퓨터에게 개와 고양이를 구분하는 방법을 일일이 알려 주는 방식이었다는 것이다. 하지만 인간은 그렇게 사물을 구분하지 않는다. 누가 어린아이들에게 개와 고양이 사진을 줄 때 코의 길이, 눈동자의 모양 등 특성을 미리 계산해서 알려 주던가? 어린아이조차도 사진만 보면 개, 고양이 등을 구분해 낼 수 있다. 어른들이 아이들을 가르칠 때도 사진에 있는 동물이 개인지 고양이인지만 알려 주지, 이 둘을 구분하려면 코를 봐야 한다거나 어디가 중요한지를 구태여 가르쳐 주지 않는다.

어린아이가 하듯 인간 두뇌가 데이터를 처리하는 방식을 엔드 투 엔드라고 부른다. 입력된 데이터에 과도한 처리를 하지 않고, 데이터를 그대로 신경망에 넣어 주고 답을 찾도록 만드는 것이다. 앞서 본 SVM의 경우 인간이 코와 귀가 중요하다는 것을 미리 정해 둔 뒤 프로그램에 사진을 투입할 때 코의 길이와 눈의 모양을 측정하고 숫자로 바꾸는 가공을 해 줘야만 했다. 엔드 투 엔드 방식은 이런 처리를 최소한으로 하거나 아예 하지 않겠다는 의미이다. 인간이 기준점을 정해 주지 않았기에 프로그램은 개와 고양을 구분하는 데 있어 필요한 눈, 코 이외의 다른 중요한 요소들을 스스로 파악할 수 있게 된다. 이를 통해 '개스러움', '고양이스러움' 등을 계산할 수 있게 된다. 말로 설명하기는 힘들지만 인간이 잘 해내는 일들을 프로그램도 할 수 있게 되는 것이다. 인간이 할 수 있는 일을 인간과 유사한 방식으로 배워 수행하므로 이런 프로그램은 인공지능이라 부를 수 있다.

당연하지만 인간의 뇌는 이런 방식을 제일 잘 해내는 예시였다. 인간은 잘 동작하지 않는가? 이런 구조로 프로그램을 만들고자 한 최초의 인물들은 미국의 신경외과 의사인 워런 맥컬롱Warren Mc Cullonch과 논리학자인 월터 피츠Walter Pitts였다. 사람의 뇌가 뉴런Neuron이라는 단위로 이뤄져 있으며 이들이 그물망처럼 연결되어 있다는 점에서 착안해, 인공적인 신경망을 그물망 형태로 연결시켜 만든 연산의 단위를 제안했다. 이런 방식으로 만든 프로그램이 동작할지는 알 수 없지만 일단 인간을 따라 해 보겠다는 것이었다.

이 구조를 좀 더 자세히 알아보자. 인간의 뇌는 복잡하게 연결된 수많은 뉴런으로 구성되어 있다. 이 뉴런들 중 일부는 바깥에서 들어

[그림 1-6] 인간의 뉴런과 인공 뉴런[2]

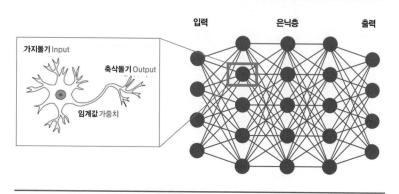

출처: wikimedia

오는 자극을 직접 받아들이는 감각 뉴런이다. 그리고 대부분의 뉴런은 외부 세상과 연결되지 않은 채 다른 뉴런들과만 연결되어 있으며, 최종적으로는 무언가 출력하는 뉴런들로 연결되게 된다. 이를 그림으로 그리면 [그림 1-6]과 같다.

감각 뉴런에 시각, 청각 등의 감각이 들어올 경우 각 뉴런은 자신과 연결된 (오른쪽) 뉴런들에게 신호를 보낸다. 그 신호를 받은 뉴런들은 신호의 세기가 너무 약할 경우 자기 오른쪽으로 신호를 보내지 않는다. 특정 크기(역치)를 넘어선 신호가 발생해야만 옆 뉴런에게 신호를 전달하는 것이다. 인간 팔뚝에 먼지 한 톨 정도 떨어진다고 해서 가려움이 느껴지지는 않듯 신호가 너무 약하면 전달하지 않는 것이

---

2 Jonathan Haas, File:Neurons uni bi multi pseudouni.svg – Wikimedia Commons, 3번 그림 사용. 글자 추가

AI 혁명의 미래

다. 그리고 과학자들은 학습 과정은 각 뉴런의 역치 크기가 어떠하냐 등이 관련되어 있다는 사실도 알아냈다. 각 뉴런의 역치값이 바뀌면 동일한 사진이 입력되더라도 활성화 뉴런의 종류가 바뀌고, 활성화 강도도 달라지게 되어 최종 출력값(개, 고양이)이 변하게 된다. 즉 학습 이란 과정은 뉴런의 연결 형태와 역치값을 바꿈으로써 바람직한 출력값—개 사진은 개라고 답하고, 고양이 사진은 고양이라고 답함—을 나오게 하는 것이다. 학습이 덜 된 경우 개 사진을 고양이라고 말하는 등의 실수가 잦지만, 학습이 진행되면서 이런 실수가 줄어들고 더 다양한 종류의 개, 고양이 품종까지 구분할 수 있게 되는 것이다.

1958년, 퍼셉트론이라는 인공신경망이 등장한다. 퍼셉트론은 코넬대학교의 심리학자 프랭크 로젠블랫Frank Rosenblatt이 제안했다. 이는 [그림 1-6]과 같은 입력-은닉층-출력 구조를 만들되, 은닉층이 단 1층 뿐인 가장 단순한 형태의 인공신경망이었다. 프랭크 박사는 꽤 자신이 있었는지 인공신경망 연구를 통해 먼 미래에는 컴퓨터가 자기의 존재를 스스로 인식하게 될 것이라고 공언했다. 하지만 우리가 알고 있듯 인공신경망은 2000년대 후반에 이르러서야 사람들에게 인정받고 주류로 떠오르기 시작했다. 인간의 뇌를 따라 한다는 것은 단순히 뇌세포의 연결 구조만 비슷하게 모방해서 되는 것이 아니었기 때문이다.

인공지능 겨울: 사람의 뇌를 따라 하는 데서 생기는 어려움

1969년 잘나가던 퍼셉트론에 찬물을 끼얹은 사건이 일어난다. "인간은 생각하는 기계다"라는 말을 남긴 것으로 유명한 마빈 민스키 **Marvin Lee Minsky** 교수는 세이모어 패퍼트 **Seymour Papert** 교수와 함께 책을 한 권 쓰게 된다.[3] 그는 이 책에서 프랭크 로젠블랫이 제안한, 은닉층 1개의 퍼셉트론은 XOR **Exclusive OR** 문제를 해결할 수 없다는 것을 증명했다. 그는 이를 해결하기 위해서는 은닉층이 여러 겹인 퍼셉트론을 사용해야 하는데, 누구도 그런 신경망을 학습시킬 방법을 찾아내지 못했다고 썼다.[4] 이와 같은 주장은 학계를 큰 혼란에 빠뜨렸다. 퍼셉트론이 어려워하는 XOR 문제가 인간에게는 너무나 쉬운 문제였기 때문이다. XOR 문제는 아래와 같다.

- 입력값이 (1, 1)이면 출력값에 0을 내보낸다.
- 입력값이 (1, 0)이면 출력값에 1을 내보낸다.
- 입력값이 (0, 1)이면 출력값에 1을 내보낸다.
- 입력값이 (0, 0)이면 출력값에 0을 내보낸다.

이렇게 4개 규칙만 외우면 되는 것이다. 어린이들에게 이 규칙을

---

3 Marvin Lee Minsky, Seymour Papert, *Perceptrons: An Introduction to Computational Geometry*, 1969.
4 No one on earth had found a viable way to train.

[그림 1-7] 심층인공신경망의 구조

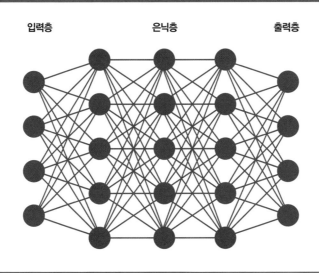

입력층   은닉층   출력층

5분 정도 보여 준 뒤 XOR(1, 1)의 답을 말하라고 하면 아주 간단하게 0이라고 답할 것이며, 나머지 3개의 규칙도 어렵지 않게 외울 것이다. 문제는 로젠블랫의 은닉층 1개짜리 퍼셉트론은 이런 문제조차 풀지 못한다는 데 있었다. 사람들은 크게 실망했다. 인공신경망이 이런 쉬운 문제 하나조차 풀지 못한다면 무슨 수로 개와 고양이를 구분하고, 부품의 결함을 찾아내고, 사람의 얼굴을 구분할 수 있겠는가?[5]

이런 문제 때문에 퍼셉트론은 XOR 문제를 해결할 수 있는 다층

---

[5] 당시 과학자들은 'AND 문제와 OR 문제만 풀 수 있다면' 세상 모든 문제를 풀 수 있을 거라고 생각했다. 당시의 퍼셉트론이 AND와 OR 문제를 풀 수 있었기 때문에 사람들이 큰 기대를 했던 것이다. 하지만 퍼셉트론이 간단한 XOR 문제조차 풀지 못하자 기대가 무너졌다.

퍼셉트론Multi Layer Perceptron, MLP으로 개선되었다. MLP는 [그림 1-7]과 같은 모습이다.

그렇다. 여러분이 각종 뉴스에서 보았을 심층인공신경망의 모습과 크게 다르지 않다. 이미 1960년대에 지금의 인공신경망과 유사한 구조가 제안되었던 것이다. 다층 퍼셉트론은 이론적으론 XOR 문제뿐 아니라 인간이 하는 훨씬 복잡한 일도 상당수 따라 할 수 있었다. 하지만 문제는 이 복잡한 인공신경망을 학습시키는 것이었다. [그림 1-7]에서 각각의 인공 뉴런은 이전 층에서 들어온 신호에 따라 다른 정도로 활성화된다. 문제는 당시 다층 퍼셉트론 구조를 제안한 연구자들조차 각 인공 뉴런의 활성화 정도를 어떤 식으로 조정해야 하는지 모르고 있었다는 데 있었다. 분명 각 뉴런의 활성화 정도를 제어하면 인간과 비슷하게 사물 구분 등을 해낼 수 있을 것이었다. 문제는 어떤 방향으로 얼마나 바꾸느냐는 것이었다. 즉 인공 뇌를 만들어냈으나 학습시키는 방법을 몰랐던 것이다. 학습을 시킬 수 없으니 엔드 투 엔드도 가능하지 않았다.

결국 최초의 인공신경망을 만들어 보려는 시도는 좌절되고, 첫 번째 인공지능 겨울이 다가오게 되었다. 사람의 뇌를 모방해 인공지능을 만들어 보자는 아이디어 역시 사람들의 관심에서 빠르게 멀어졌다. 그러는 동안 우리가 앞에서 살펴봤던 SVM 등 인간이 자료를 한 번 처리해 주는 대안적인 인공지능 방법론이 득세하기 시작했다.

그러나 사람의 뇌를 따라 한 인공신경망을 만들자는 접근은 잘못된 게 아니었다. 당시엔 알 수 없었지만, 다층 퍼셉트론 구조의 인공신경망을 학습시키기 위해서는 단지 몇 가지 수학적인 기법과 하드웨어의 발전이 필요했을 뿐이었다. 사람의 뇌를 모방하는 인공신경망 접근이 결국 옳았음이 증명되는 것은 아주 먼 훗날의 일이었다.

돌파구: 겨울 왕국에서 준비하는 봄

긴 인공지능 겨울에도 연구를 멈추지 않은 인공신경망 학자들이 있었다. 그 기간 동안 학자들은 미래에 인공신경망이 사용할 수 있는 수많은 테크닉을 연구했는데, 이런 노력이 결국 훗날 인공신경망의 돌파구가 되었다.

우선 학자들은 심층신경망Deep Neural Network의 정의를 명확히 하고 각종 개념들을 정리했다. 이 시기에 은닉층이 여러 겹인 인공신경망을 심층(인공)신경망이라 부르게 되었으며, 각 인공 뉴런의 활성화 정도를 조정하기 위한 활성함수Activation Function를 도입하기도 했다. 또한 이 시기에 심층신경망 학습 문제를 해결하는 아주 중대한 발견이 있었다. 딥러닝의 아버지라 불리는 제프리 힌튼Geoffery Hinton이 1986년 역전파Backpropagation라는 학습 방법론을 발견한 것이다.

다층 퍼셉트론을 설명할 때 언급했듯 수백만 개에 달하는 인공 뉴런들의 활성화 정도를 어떻게 조정할지가 당시의 가장 큰 난제였다. 인공신경망은 내부에 있는 개별 뉴런의 활성화 여부가 정확히 무엇을 의미하는지를 이해하는 것이 불가능하다. 심층신경망이 특정 사진을 '개'라고 결론을 내렸다고 하자. 그 내부에는 개 사진을 봤을 때 활성화된 수십만 개의 뉴런이 존재한다. 그런데 이 각각의 뉴런이 뭘 의미하는지 알 수 있겠는가? '개 사진을 입력했을 때 심층신경망이 이것을 올바로 개라고 인식하게 하려면 3번째 은닉층의 153번째 인공 뉴런은 활성화되어야 하는가, 아닌가?' 이런 식으로 역할을 구분할 수 없었다는 것이다.

역전파 방법론은 인공 뉴런의 역할을 하나씩 찾아 일일이 조정해 주는 대신, 인공신경망의 가장 끝부분인 출력단에서 입력단까지 반대 방향으로 오차를 전달해 주는 방식이다. (이에 대한 더 자세한 설명은 부록에서 다루도록 한다.) 역전파의 발견 덕분에 과학자들은 개별 뉴런의 역할을 파악해야만 하는 번거로움 없이 1회만 학습해도 인공신경망의 뉴런 전체를 조금씩 재학습시킬 수 있게 되었다.

하지만 이런 발견에도 불구하고, 인공신경망은 여전히 큰 문제를 겪고 있었다. 인공신경망의 기능을 높이기 위해선 은닉층을 추가해야 했다. 문제는 은닉층이 깊어지면 역전파 방법론이 잘 작동하지 않는다는 데 있었다. 흔히 말하는 기울기 소실Vanishing Gradient 문제였다. 신경망의 층이 깊어지자 (교실 뒤쪽에 앉은 학생은 선생님 목소리가 잘 안 들리게 되듯) 출력단에서의 학습 결과가 입력단까지 전파되지 않은 것이다. 심층신경망의 인공 뉴런의 개수를 늘리고 연결의 개수를 늘리면 이론상 더 복잡한 문제도 해결할 수 있었지만, 학습시키는 것이 불가능했던 것이다. 지금 돌이켜 보면 기울기 소실을 해결할 수 있는 몇 가지 방법론의 발견과 컴퓨팅 기술의 발전만 기다리면 되는 것이

AI 혁명의 미래

었다. 그러나 당시로서는 길고긴 인공지능의 겨울이 도저히 끝날 것 같지 않았다. 역전파 방법론 등 여러 기술적 돌파구가 나타났으나 여전히 인공신경망의 상용화는 요원했기 때문이다. 이는 제프리 힌튼 같은 거장에게도 예외는 아니었다. 미국 내에서 인공신경망으로 연구비를 지원받는 것은 점점 더 어려워지고 있었다.

이때 구원투수로 등판한 것이 캐나다였다. 캐나다에는 CIFAR_{Canadian Institute for Advanced Research}라는 단체가 있는데, 이들은 20년 내에 상용화될 가능성이 없어 보이는 연구만을 골라 지원한다는 독특한 목표를 가지고 있었다. 다행스럽게도(?) 인공신경망 연구가 상용화되기 어려워 보였는지 CIFAR는 인공신경망에 투자하기로 결정했다. 그렇게 힌튼을 포함한 수많은 학자가 학계의 겨울을 피해 겨울의 나라 캐나다로 건너갔다. CIFAR의 지원 아래 인공신경망 학자들은 20여 년간 심층인공신경망 학습 시 발생하는 기울기 소실 문제를 해결하기 위해 노력했으나 좀처럼 성과가 나오지 않았다. 그러던 중 드디어 이 지긋지긋한 교착상태를 풀 실마리가 보이기 시작했다.

2006년, 역전파 방법론을 발견한 지 딱 20년 되던 해에 힌튼은 인공지능 역사에서 기념비적인 논문 「심층신뢰망 고속 학습법_{A Fast Learning Algorithm for Deep Belief Nets}」을 발표한다. 논문에 따르면 심층인공신경망 내 뉴런들의 역치값이라 할 수 있는 파라미터값_{Weights}들이 초기값을 좀 더 현명한 방법으로 정할 경우 학습 속도가 빨라질 뿐만 아니라 정확도 역시 개선될 수 있었다.

이 논문 이전에 연구자들은 초기 상태의 심층인공신경망 파라미터값—역치 등—들을 무작위로 설정해 놓고 신경망을 학습시키곤 했다. 즉 모든 인공 뉴런이 아무런 연관성이나 경향성을 가지지 않는, 완전 무질서 상태를 가정했던 것이다. 하지만 인간의 뇌를 생각해 보면 이는 무언가 이상하다. 인간의 뇌세포는 태어날 때부터 특정한 선호도를 가지고 있다. 갓난아기의 눈은 완벽하지는 않지만 사물을 구분할 수 있으며, 아기들은 쓴 음식은 싫어하고 단 음식은 좋아한다. 이런 초기값이 없다면 아이들은 큰 사고를 당하거나 독성이 있는 물질을 먹는 등 뇌에 이상이 생겨 더 이상 학습할 수 없는 상태가 되지 않겠는가!

힌튼 교수는 RBM_{Restricted Boltzmann Machine}이라는 방법을 사용해 인공신경망의 초기값을 조금 더 잘 세팅함으로써 불가능해 보였던 심층인공신경망의 학습이 가능하다는 것을 보여 주었다. 이 방법론은 근본적인 문제를 해결하지는 못했으나 심층인공신경망의 학습이 실제로 가능함을 보여 주었고, 이는 사람들이 연구를 계속하는 데 있어 큰 동기가 되었다. 또 다른 문제였던 기울기 소실 문제의 경우 ReLU_{Rectified Linear Unit} 등의 새로운 활성함수를 발견하면서 해결된다.

과학자들은 이런 식으로 인공신경망을 상용화하는 데 필요한 수많은 테크닉을 익혔으며, 높은 정확도를 보이는 신경망들을 지속적으로 개발했다. 덕분에 인공신경망은 기존의 SVM 등의 머신러닝 알고리즘들과 최소한 정확도는 대결 가능할 정도로 발전하게 된다. 하지만 인공신경망을 완전히 상용화하기에는 여전히 연산 자원 측면의 문제가 남아 있었다. 수천, 수만 줄 정도의 코드만 연산하면 되는

SVM과 같은 알고리즘과는 달리, 심층인공신경망은 인공 뉴런의 수가 늘어날수록 필요한 연산력도 기하급수적으로 늘어났기 때문이다. 이 문제에 대한 해결책은 예상치 못하게 따뜻한 남쪽 나라 실리콘밸리에서 준비되고 있었다.

실리콘밸리에서 다가온 반도체 혁명

심층인공신경망을 상용화하기 위한 나머지 퍼즐은 예상치 못한 곳에 있었다. 주로 게임이나 그래픽 작업 등에만 쓰이던 GPU를 범용적인 병렬 연산에 활용할 수 있게 되면서 인공신경망을 구동하는 데 필요한 대규모 단순 연산 효율을 획기적으로 높일 수 있었던 것이다.

1990년대 말 컴퓨터의 용도가 게임 등으로 늘어나면서 고성능 그래픽 표시에 대한 요구가 커지기 시작했다. 하지만 CPU는 설계상 멋진 그래픽을 사용자가 원하는 만큼 빠르게 표시하지 못했다. CPU는 미로 찾기에 가까운 각종 복잡한 일을 빠르게 처리하는 일에 특화되어 있었는데, 그래픽 표시는 '망치질을 1,000곳에 10만 번 해라'와 비슷한 단순한 대규모 연산을 필요로 했기 때문이다. 사람들은 그래픽 처리를 전문으로 하는 반도체가 컴퓨터에 필요하다고 생각했으며, 이에 지금은 GPU라고 불리는 그래픽 처리 카드vGA가 나타나게 된다. GPU는 레이싱 카와 같은 CPU와는 달리, 덤프트럭과 같은 구조를 추구했다. CPU가 시속 200km로 한 번에 100kg의 화물을 옮긴다고 하면, GPU는 시속 80km로 15톤의 화물을 옮겼다. 이는 그래픽 처리와 같은 단순한 산술연산에 특화된 방식이었다.

이 분야에서 치열한 경쟁을 뚫고 1위가 된 회사는 NVIDIA였다. 1999년 NVIDIA는 그래픽계의 최강자였던 3DFX사를 지포스GeForce 라는 그래픽 카드를 런칭함으로써 꺾고 시장의 최강자로 군림했다. 그래픽 카드의 성공 이후에도 NVIDIA는 멈추지 않았다. NVIDIA에게 그래픽 카드 시장은 너무나 작아 보였고, 이를 타개하기 위해 GPU가 잘할 수 있는 일을 끊임없이 찾아 나섰다. 그런 작업의 예 중 하나는 Ageia의 인수였다. NVIDIA는 물리연산 가속 시장에 진출하고 싶어 했다. 특정 게임이나 영화 등에서 일어나는 물리연산 역시 단순한 연산이 여러 번 반복되는 형태였기 때문이다. CPU 1개가 들어갈 영역에 그래픽 연산 장치는 수백 개가 들어갈 수 있었다. Ageia는 물리연산 가속기라는 새로운 시장을 개척하려는 회사였고, 이러한 연산은 GPU로도 잘할 수 있는 일이었다.

Ageia를 통한 물리연산 시장 진출이 아주 큰 성공을 거두지는 못했지만, NVIDIA는 신시장 개척을 멈추지 않았다. NVIDIA는 그래픽 카드에 대한 사람들의 편견을 깨부수기 위해 VGA, GPU의 명칭을 GPGPUGeneral Purpose GPU, 범용 GPU로 고쳤다. 이름 앞에 '범용'이라는 단어를 붙임으로써 '우리는 무엇이든 할 수 있다'는 것을 강조한 것이다. 그리고 이를 위해 GPGPU를 중심으로 하는 소프트웨어 생태계를 조성했다. 사용자들이 쓰기 쉽도록 각종 지원을 준비해 두면, 대규모 산술연산을 필요로 하는 사람들이 쓸 것이기 때문이다. 이를 위해

2007년 NVIDIA는 CUDA를 런칭한다. NVIDIA는 CUDA를 통한 프로그램이 최대한 기존 CPU 기반의 프로그래밍과 차이가 없도록 하기 위해 하위 호환뿐만 아니라 함수 이름을 붙이는 것까지 세심히 살폈다. GPGPU를 위한 코드 이름도 CUDA, 드라이버 이름도 CUDA, 칩 내부의 연산 단위까지 CUDA로 명명하며 생태계의 통일성을 강조했다.

한편 캐나다의 연구자들은 본인들 스스로는 해결하기 힘든 큰 어려움에 처해 있었다. 1993년에 문자 인식MNIST 능력이 매우 높은 LeNet을 개발했고, 1997년에는 기초적인 LSTM 등 2022년 현재 널리 사용되는 신경망 개발이 이뤄지고 있었으나 문제는 이들을 구동하는 데 필요한 연산력이 부족했다는 것이다. CPU가 이론적 발전을 따라가지 못했던 것이다. 인공신경망의 학습, 추론 전부 대규모 산술연산 능력을 필요로 했으며, 거대한 인공신경망의 수백만 개 파라미터 값을 저장할 수 있는 메모리도 필요로 했다. 1990년대 초반의 컴퓨터 메모리는 2~16MB 수준이었는데, 현재 상용화된 인공신경망은 작은 신경망이더라도 1GB(=1024MB)가 넘는 물건이 많다. 이런 이유로 캐나다에서 심층인공신경망이 낭보를 울리는 와중에도 산업계는 여전히 인공신경망에 대해 회의적이었다. 산업계에서 여전히 SVM과 같은 기존의 머신러닝 알고리즘들을 선호했던 이유 중 하나는 그 당시의 '허약한' 컴퓨터 CPU로는 감히 인간의 두뇌를 모방한 심층인공신경망을 가동할 수 없기 때문이었다.

이런 상황에서 GPU의 약진은 과학자들의 관심을 끌었다. 최초의 GPU 기반 인공신경망은 2005년에 등장했다. 슈타인크라우스 Steinkraus라는 연구자는 본인의 논문에서 2개의 층으로 구성된 신경망을 만들어 봤으며, 이를 GPU로 구동하는 데 성공했다고 밝혔다. 이를 통해 당대의 CPU보다 3배가량 높은 처리 속도와 학습 속도를 얻어 낼 수 있었다.[6]

이후 대규모 데이터를 통해 학습 효율을 높이고 인공신경망의 정확도를 향상시켜 보려던 한 연구팀이 2009년에 아예 GPU를 전제로 하는 대량 데이터 기반의 학습 방법을 연구해 논문으로 내놓게 된다.[7] 이 논문은 시작부터 NVIDIA의 CUDA 사용을 전제했다. 연구팀의 결과는 고무적이었다. 신경망 종류에 따라 5.2배에서 최대 15.3배의 학습 성능 향상이 있었던 것이다. 현재의 상용 인공신경망들도 학습이 한 달 이상 걸린다는 것을 생각해 보면 이게 얼마나 큰 진전인지 알 수 있다. 학습 속도는 시장 진출 타이밍 자체를 완전히 바꿔 놓는 문제이기 때문이다. 학습에 1년이 소요되는 신경망은 두 번만 실패해도 상용화까지 3년이 걸린다. 반면 학습 기간이 한 달이라면 1년에 12번은 해 볼 수 있었다. CPU의 성능이 매해 2배 늘어난다고 가정하면 4년 뒤에나 개발이 가능해질 물건이 GPU로 인해 바로 올해부터 개발할 수 있게 되는 것이다.

2010년 GPU로 학습된 문자 인식 인공신경망MNIST이 기존의 MNIST

---

6 Using GPUs for Machine Learning Algorithms, 2005.

7 Rajat Raina, Anand Madhavan, Andrew Y. Ng, *Large-scale Deep Unsupervised Learning using Graphics Processors*, Stanford Univ, 2009.

의 모든 기록을 갈아치우게 된다.[8] 심층신경망이 드디어 SVM을 따라잡은 것이다.

　이렇게 산호세의 혁신과 인공신경망의 혁신이 만났다. 캐나다의 과학자들은 이론상으로만 존재했던 심층인공신경망을 현실화시키는 성과를 거뒀지만 인공신경망 상용화에 필요한 막대한 컴퓨팅 자원의 한계를 극복하지 못하고 있었다. 하지만 무어의 법칙으로 인해 매해 트랜지스터의 가격이 싸지고, GPU라는 새로운 반도체가 대두함으로써 상황이 바뀌게 된 것이다.

　NVIDIA가 CUDA를 만든 타이밍은 기적과도 같았다. 이를 통해 NVIDIA는 경쟁자인 AMD(구 ATI)가 생각지도 못한 영역에서 엄청난 규모의 새로운 시장을 선점할 기회를 얻었다. 그리고 2012년 GPU라는 새로운 도구를 얻은 심층신경망 연구원들은 90년대에 영광을 독차지했던 SVM을 한 번 이긴 것으로는 부족했는지 인공지능 분야의 패러다임 자체를 바꿔 놓을 회심의 반격을 준비하게 된다.

엔드 투 엔드 인공신경망의 데뷔전: ImageNet 2012

　2012년 엔드 투 엔드 인공신경망의 강력함을 널리 알린 충격적인 사건이 일어난다. 힌튼의 제자 중 한 명인 알렉스 크리제프스키**Alex**

8　Deep Big Simple Neural Nets Excel on Hand-written Digit Recognition, 2010.

[그림 1-8] 2010년~2016년 사이 이미지넷 챌린지 Top 5 정확도

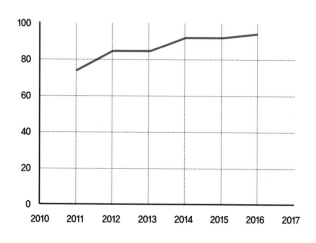

Krizhevsky가 자신이 설계한 심층인공신경망인 알렉스넷AlexNet을 가지고 이미지넷 대회에 참가해 압도적인 성적으로 우승을 한 것이다. 이미지넷 대회는 쉽게 말하면 컴퓨터로 개와 고양이 등 수만 가지의 동물 및 사물을 누가 더 정확하게 구분하는지 겨루는 대회다. 매년 당대 최고의 컴퓨터 비전 분야[9] 연구자들이 이미지넷 대회에서 실력을 뽐내며 자웅을 겨뤘다. 그러나 2012년 알렉스넷이 등장하기 전까지 이 대회의 우승 알고리즘들의 정확도는 처참했다. 2011년 우승자의

9　컴퓨터로 이미지를 전처리하고 분석해 인간의 시각 인식 능력을 재현하고자 했던 인공지능 연구의 한 분야

정확도[10]는 75% 수준에 불과했다. 참고로 평범한 사람이 같은 테스트를 했을 때 정확도는 약 90%였다. 75%의 정확도는 4번 시도하면 1번은 틀린다는 의미이니, 1등 알고리즘조차도 상업적으로 쓰기에는 다소 곤란했다고 할 수 있다.

하지만 2012년 알렉스넷은 전년 우승자 대비 무려 10%가 넘는 정확도 개선을 이뤄 내면서 화려하게 데뷔했다. 오랫동안 이어진 사물 인식 분야의 기술적 답보를 보란 듯이 돌파해 버린 것이다.

기존 알고리즘들이 주로 사용하던 방식은 인위적으로 규칙을 주입하는 인공지능이었다. 당시 참가자들은 매해 정확도를 높여 보기 위해 사물의 각종 특성을 추출하는 전처리 로직을 개선하고, 이를 SVM과 같은 머신러닝 알고리즘을 이용해 학습시켰다. 정확도는 누가 더 정교하고 세밀하게 특성을 추출하느냐에 따라 정해졌고, 이런 방식은 정확도를 1%p 올리는 데 있어 사람들의 엄청난 노력을 필요로 했다. 하지만 알렉스넷은 기존의 방식과 달리 사진에서 특성을 추출하는 전처리 없이 오로지 인공신경망에 사진을 입력시켜 학습시키는 엔드 투 엔드 방식만으로 압도적인 성능을 보여 주었다.

2012년 이미지넷 대회 이후 채 수년이 지나지 않아 딥러닝 기반의 알고리즘은 인간의 정확도를 뛰어넘는 수준까지 발전하게 된다. 이미지넷 대회의 테스트를 스탠퍼드의 한 학생(대학원생)이 직접 시도한

---

10 정확히는 Top 5 정확도이다. 이미지넷 대회의 알고리즘들은 입력된 이미지에서 특정 사물 한 개를 찾기보다는 비행기 50%, 강아지 20% 등으로 정답일 가능성이 높은 순서대로 사물들을 제시한다. Top 5 정확도란 알고리즘이 제시한 정답 중 상위 5개 안에 실제 정답이 있을 확률을 의미한다.

결과 95% 정도의 정확도가 나왔는데, 2015년에 등장한 ResNet의 정확도는 97%였다. 비록 특정 분야에 한정된 것이지만 인공지능이 인간을 뛰어넘는 결과를 만들어 낸 것이다.

2012년 알렉스넷의 승리는 단순히 이미지넷이라는 특정 대회에서 우승을 차지했다는 것 이상의 의의가 있었다. SVM과 같은 기존의 머신러닝 알고리즘은 성능을 높이려면 고민해야 할 것이 아주 많았다. 어떤 사진에서 특성이 잘 추출 안 되는지, 사물을 분류하기 위해 필요한 어떤 요소를 빼먹었는지 등에 대해 연구원들이 머리를 맞대고 고민해야 했다. 하지만 딥러닝 기반 인공신경망은 달랐다. 신경망 사이즈를 조금 더 키우거나 구조설계를 바꾼 뒤 학습 버튼을 누르고 기다리기만 하면 되었다. 수십 명의 숙련된 개발자가 하던 일을, 데이터를 가진 한두 사람이 더 정확하게 해낼 수 있게 된 것이다. 2012년 알렉스넷의 우승은 '이후에 인공신경망은 다른 알고리즘에게 절대 지지 않는다'는 메시지를 던진 것이나 다름없었다. 복잡한 전처리 방법들을 고민할 필요 없이 데이터를 신경망에 넣고 학습시키기만 하면 되는 엔드 투 엔드 인공신경망 방식을 택한 것 그리고 GPU를 통해 이를 실행 가능하게 만들어 준 것, 이런 요소들이 한데 모여 드디어 인간처럼 배우는 인공지능이 세상에 데뷔할 수 있었다. 이 과정에서 딥러닝이 어떤 식으로 사물을 인식하고 이해하는지에 대한 증거도 발견되었다. [그림 1-9]는 학습된 인공신경망의 은닉층이 하는 일을 요약하여 설명한 것이다.

사람의 얼굴을 찾아내는 인공지능을 학습시키면 별 역할이 없던 특정 은닉층들이 서서히 [그림 1-9]처럼 특정 도형—원, 가로선, 세로선 등—에 반응한다. 그리고 그 값을 넘겨받은 다음 은닉층들은 전 단계에서 얻은 이미지들을 강하게(높은 가중치) 반영할지 약하게(낮은 가중치) 반영할지 등을 학습하며 눈, 코, 입 등에 반응하게 스스로 변화해 간다. 인간의 눈을 발견하는 은닉층이라면 그림 속의 원이 가장 중요할 것이며, 반면 세로선은 별로 중요하지 않을 것이다. 만약 코를 찾아야 한다면 세로선(콧날)과 원(콧구멍)이 중요할 것이다.

[그림 1-9] 인공신경망의 은닉층이 하는 일

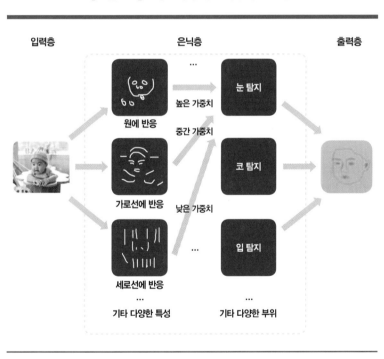

인공신경망이 깊어질수록 구분 가능한 것이 학습 과정에서 늘어날 수 있다. 예를 들면 신경망을 키우고 학습 데이터에 노인 얼굴을 넣어 주면 대각선 등에 반응하면서 주름살이라는 부위를 파악하는 은닉층이 생겨날 수도 있는 것이다. 신경망이 더욱 깊어지면 인간이 봐서는 이해할 수 없는 요소들도 은닉층에서 뽑아내어 인간 얼굴을 찾는 데 사용한다. 물론 은닉층을 그냥 늘려서는 안 된다. 은닉층들이 새로운 요소를 배울 수 있는 더 큰 데이터와 다양한 학습 방법을 적용해야 한다.

[그림 1-9]와 같은 구조는 인간의 뇌에서 관찰된 바와 일치한다. 인간 뇌의 특정 부분이 손상될 경우 사람 얼굴만 구분 못하게 되거나 가로선, 세로선만 구분하지 못하게 되는 등의 증상을 겪는다고 알려져 있다. 사람의 뇌도 부분마다 담당하는 역할이 다르다는 증거다.

이렇게 엔드 투 엔드 인공신경망이 기존 알고리즘을 가뿐하게 뛰어넘는 성과를 얻어 내자 세계의 인재들이 뛰어들어 인공신경망이 겪고 있던 문제들을 해결하기 시작했다. 이 과정에서 선구자들이 내놓은 해답보다 더 뛰어난 아이디어들이 나오기도 했다. 예를 들어 기울기 문제를 근본적으로 해결한 ReLU 활성함수나 과적합Overfitting이라는 문제를 완화시켜 주는 드롭아웃Dropout과 같은 테크닉이 이 시기에 개발되었다. 이 기술에 대한 자세한 설명은 부록에서 좀 더 다루도록 하겠다.

결전:
IBM vs Google

　지금까지 우리는 인공지능을 만들기 위한 여러 방법론 중 인간처럼 배우는 엔드 투 엔드 접근 방식이 결국 기술적 돌파구가 되었다는 것을 확인했다. 그리고 엔드 투 엔드 방식을 가장 잘 해내는 현실의 예, 인간을 따라 함으로써 기존 접근법을 압도할 수 있음도 봤다. 이번에는 완전히 다른 접근법으로 인공지능 기술을 개발하려 했던 두 회사를 비교해 볼 것이다. 바로 고전적인 방식의 인공지능 최강자였던 IBM과 엔드 투 엔드에 집중해 새로 최강자에 오른 Google이다.

IBM: 인간이 만드는 인공지능

1980년대 IBM은 개인용 컴퓨터 시장을 개척하며 한 시대를 풍미

했다. 하지만 기존 사업들이 부진을 겪자 신사업 분야를 고민하게 되었다. 당시 IBM이 정한 사업 분야 중 하나는 바로 인공지능이었다. IBM은 1990년대 초반 소프트웨어 사업을 새로운 사업 동력으로 천명하고 인공지능 기술에 대대적인 투자를 단행했다. IBM의 소프트웨어 투자 시기는 인공지능의 겨울에 해당하는 때였는데, 그럼에도 과감히 투자하고 성과를 거둔 덕분에 한동안 '인공지능=IBM'이라는 인식이 생기기도 했다. 체스 인공지능인 '딥 블루'와 의료용 인공지능인 '왓슨' 모두 이 당시 투자의 결과물이다.

IBM의 첫 도전은 순탄하지 않았다. 1989년 슈퍼컴퓨터 '딥 소트'는 인간 체스 챔피언 가리 카스파로프에게 패했고, 이에 절치부심한 IBM은 이를 업그레이드한 '딥 블루'를 만들어 1997년 카스파로프에게 재도전한 끝에 승리한다. 딥 블루는 최고 수준의 인간 체스 선수보다 더 많은 수를 더 빠르게 계산할 능력이 있었으며, 내부에 수십만 개의 기보까지 저장되어 있는 슈퍼컴퓨터였다. 딥 블루는 진짜 의미로 체스를 학습한 것은 아니었다. 엄청난 연산력을 통해 모든 경우의 수를 파악하는 것에 가까웠다. 하지만 그 원리가 어떠했든 간에 인공지능 암흑기에 컴퓨터가 인간 챔피언을 상대로 승리한 것은 사람들을 흥분하게 만들기에 충분했다.

IBM은 여기에 그치지 않고 지속적으로 인공지능에 투자했고, 왓슨이라는 인공지능을 개발하게 된다. 왓슨은 2011년에 미국의 인기 퀴즈 쇼인 〈제퍼디〉의 과거 우승자들을 상대로 퀴즈 대결을 펼쳐 승리하는 쾌거를 이뤘다. (수를 수학적으로 읽어 내는) 앞의 체스 인공지

AI 혁명의 미래

능과 비교했을 때 (문장을 입력받아 답을 찾아내는 등) 행동 면에서 좀 더 인간다웠던 왓슨 덕분에 IBM은 이번에도 큰 주목을 받았다. 이후에도 꽤 오랫동안 사람들은 인공지능 하면 IBM과 왓슨을 떠올렸다.

왓슨의 구조는 [그림 1-10]과 같다. 그림의 맨 왼쪽이 질문Question이 들어오는 곳이다. 질문이 들어오면 질문에 대해 분석하는 부분과 가설을 생성하는 부분, 답변과 답변에 대한 근거를 검색Retrieval하는 구조가 연이어 나타난다. 또한 여러 가설에서 도출된 답변에 대해서 심사하고 랭킹을 매기는Scoring 부분 등 다양한 기능이 보인다.

[그림 1-10]에서 각각의 네모 칸이 뭘 하는지 이해할 필요는 없다. 하지만 이 책을 꾸준히 따라온 독자들이라면 왓슨 내에 정의된 세밀한 단계별 프로세스를 보면서 무엇이 잘못되어 있는지 정도는 감을 잡을 수 있을 것이다. 인위적으로 세세한 역할을 정해 둔 부분들이

[그림 1-10] IBM Watson의 구조

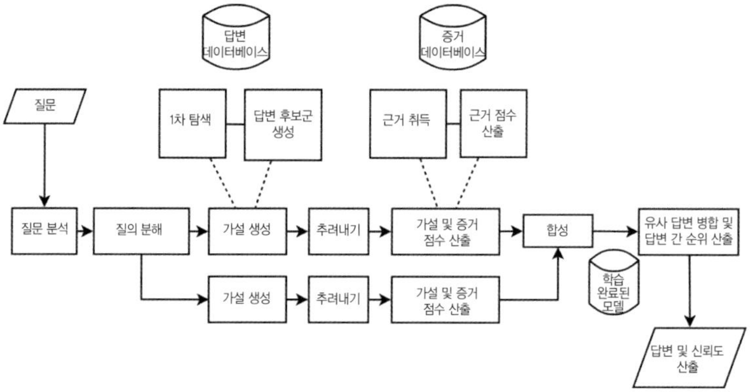

출처: wikimedia

보이지 않는가? 여기까지만 봐도 우리가 앞에서 설명한 사람의 뇌와 같은 엔드 투 엔드 방식과는 거리가 멀어 보인다.

왓슨과 같은 시스템을 한마디로 정리하자면 지식 검색Retrieval 시스템이다. 물론 지식 검색은 단순한 키워드 검색이 아니다. 예를 들어, 검색엔진에 '이순신 탄신일'로 검색을 해 보자. [그림 1-11]과 같은 이해하기 쉬운 결과가 나올 것이다.

이번엔 조금 검색어를 바꿔 퀴즈 쇼 형식으로 검색해 보자. '조선 시대의 장군으로 임진왜란에서 삼도수군통제사로서 수군을 이끌고 전투마다 승리를 거두어 왜군을 물리치는 데 큰 공을 세웠다. 이 사람은 누구인가?'라고 검색해 보는 것이다. 왓슨과 같은 지식검색 시스템은 퀴즈 쇼 문장 형태로 질문이 들어왔을 때 우선 이 문장을 '조

[그림 1-11] 이순신 탄신일 키워드 검색 결과

출처: 네이버

AI 혁명의 미래

선 시대', '장군', '임진왜란', '삼도수군통제사' 등으로 잘게 쪼갠다. 그 다음 쪼개진 단어들을 하나씩 사용해 왓슨 내부의 지식 베이스를 검색한다. 왓슨 내부의 지식 베이스는 매우 거대하기 때문에 키워드별로 여러 개의 지식 문서가 나온다. 한 예로 왓슨의 지식 베이스 내에서 '장군'을 검색하면 강감찬, 신립, 이순신, 을지문덕 등의 단어가 포함된 수많은 문서가, 임진왜란을 치면 1592년, 이순신, 일본, 도요토미, 선조 등의 단어가 포함된 수많은 문서가 나올 것이다. 왓슨은 여기 나온 수많은 단어의 등장 빈도를 확인한다.

한편 입력 문장에 '누구'라는 단어가 있다. 이를 통해 왓슨은 답으로 사람의 이름을 언급해야 한다고 파악하며, 앞서 찾은 수많은 키워드 중 가장 많이 등장한 사람의 이름을 고르는 것이다. 여기서 알 수 있지만 왓슨은 진짜로 질문의 의도를 이해하고 답변한 것이 아니다. 실제로 대화가 가능한 인공지능이 아닌 것이다. 왓슨과 같은 AI는 '일반 상식에 대한 질의응답'이라는 한정된 분야에서만 작동할 수 있었고, 반드시 지식 베이스에 색인해 놓은 문서에 포함된 내용만을 답할 수 있었으며, 질문의 형태 역시 매우 구체적이어야 했다. 단어 숫자를 카운팅함으로써 의도와 할 일을 파악하기 때문이다. 그리고 결정적으로 인간이 만들어 준 규칙인 '검색 결과에서 가장 많이 중복된 단어를 답하라'에 묶여 있는 것이다. 답변 속도도 상당히 느려 상용화하기에도 매우 어려웠다. 개별 단어 여러 개를 반복 검색한 뒤 검색된 문장들 안에서 중복도 등을 확인해 점수를 매겨야 하니 당연한 일이다.

이러한 시스템의 특성 때문에 왓슨의 비즈니스 영역은 '비교적 상세하게 질문을 던지면 그에 대한 답을 방대한 지식 베이스에서 찾아서 답해 주는 것'으로 '실시간은 아니어도 되는 분야'에 한정될 수밖에 없었다. 이런 조건에 그나마 부합하는 분야는 의료였다. IBM은 왓슨을 의료 분야에 적용하고 암이나 심장질환 등을 진단 보조하는 데 사용하는 '왓슨 헬스' 서비스를 런칭했다.

왓슨 헬스는 미국에서 2,500여 개의 병원에 도입되는 등 초기에는 제법 인기를 끌었다. 국내에서도 2016년 가천대학교 길병원이 '왓슨 포 온콜로지Watson for Oncology'를 도입해 화제가 되기도 했다. 가천대학교는 왓슨에 저장된 종양학과 관련한 논문과 자료들을 통해 의사가 환자의 상태를 진단하고 치료 방법을 찾는 데 도움을 주고자 했다. 이후 부산대병원, 대구가톨릭대병원, 계명대 동산병원, 건양대병원, 조선대병원, 화순전남대병원 등 대학병원들이 왓슨을 도입했다. 그러나 실제 왓슨의 성과는 썩 만족스럽지 않았다. 왓슨의 지식 베이스에는 300개 이상의 학술지, 1500만 페이지에 달하는 임상 자료 등 방대한 자료가 있었지만 데이터가 한국인의 특성과는 맞지 않았다. 상황이 이렇다 보니 국내 대학병원들은 하나둘 왓슨과의 계약을 종료했다. 왓슨은 비단 국내에서만 문제가 있던 게 아니었는지 결국 IBM은 2021년 초 헬스케어 사업 매각 공고를 했다. 왓슨과 비슷한 형태로 디자인된 유사한 인공지능들 역시 사정은 크게 다르지 않았다.

Google: 인간처럼 배우는 인공지능

2016년 알파고가 화려하게 데뷔한 뒤에도 상당수의 사람들은 여전히 IBM을 인공지능의 선두 주자로 보고 있었다. 하지만 5년이 지난 2021년에는 누구도 그렇게 생각하지 않았다. 정확히 무슨 일이 있었던 것일까?

Google은 2012년 이미지넷 챌린지에서 알렉스넷이 압도적인 1위를 차지하는 것을 보고 일찌감치 엔드 투 엔드 딥러닝 기술의 잠재력을 알아차린 듯하다. Google은 2013년 딥러닝의 아버지 제프리 힌튼 교수를 시작으로 앤드류 응, 요슈아 벤지오의 동생인 새미 벤지오, GAN을 만든 이안 굿펠로우 등 최고의 석학들을 영입했다. Google은 쉬운 길을 택하지 않았다. 이미 20년 이상 한 업계를 주름잡았던 IBM을 벤치마킹하는 대신, 당시에 검증되지 않았던 신기술을 적극적으로 도입하고 인재들을 선점하는 등 과감한 결정을 내렸다.

2017년까지도 Google의 방식은 주류로 인정받지 못했다. 2012년 알렉스넷부터 2016년 알파고까지 연속으로 위대한 성과가 나왔음에도 불구하고 여전히 산업계는 상업적 성과가 더 컸던 IBM의 기술을 보고 있었다. 2,000개가 넘는 파트너사는 분명 거대한 성과였기 때문이다. 반면 딥러닝은 신기하긴 하지만 여러 가지 이유로 실제 산업 현장에서 쓰기엔 부적절한 기술로 여겨졌다. 사람들은 여전히 인간이 사진과 음성 등에서 중요한 특성들을 뽑아 인공지능에게 주입해 쥐야 더 성능이 높아질 것이라고 생각하고 있었던 것이다. 인간이 기계에게 중요한 부분을 요약해 던져 주겠다는 것이니, 직관적으로 생각했을 때 틀린 이야기는 아니었을 것이다. 업계는 여전히 데이터 전처리 기술과 인간이 만든 도메인 이해를 중요하게 생각했다. 딥러닝을 도입하더라도 앞에서 전처리를 통해 인위적으로 특성을 추출한 후에 인공신경망에 입력하는 하이브리드 방식을 선호하는 경우가 많았다.

이런 산업계의 분위기에서도 Google은 흔들리지 않고 묵묵하게 엔드 투 엔드 방법론을 고집했다. 이렇게 남들과 다른 행보를 지속적으로 보여 주며 음성, 언어, 시각 등 다양한 분야에서 혁신적인 결과가 나오기 시작했다. 뒤에서 다시 자세히 설명하겠지만 Google이 공개한 엔드 투 엔드 음성인식 알고리즘[11]인 LAS**Listen, Attend and Spell**는 당시 저자를 포함해 음성인식 분야에서 일하던 많은 사람을 충격에 빠뜨렸다. 기존의 음성인식은 딥러닝을 사용하더라도 언어별로 특징을 추출하는 전처리를 필요로 했다. 그런데 Google은 언어별 특징 추출 없이 바로 음성을 입력하는 새로운 방식의 음성인식 기술을 공개한 것이다. 한국어 음성인식 기술을 개발하기 위해서는 한국어 전문가가 필요하다는 일반 상식과 달리 LAS는 음성인식을 개발하기 위해서 언어 전문가에게 의존할 필요가 없었다.

---

11   음성을 듣고 글자로 바꾸는 기술

이어서 Google은 2018년에 BERT를 공개했는데, 이는 자연어처리[12] 분야에 센세이션을 일으켰다. BERT 이후로 사람들은 엔드 투 엔드 방식에 대한 의구심을 완전히 거뒀다. BERT 이전의 자연어처리 분야는 인공신경망을 도입했더라도 상당 부분을 언어학적인 지식에 의존했다. 언어학자들이 사용하는 '형태소'란 형태로 글자를 먼저 잘라서 인공신경망에 입력하는 방식을 사용하곤 했다. 하지만 Google의 방식은 달랐다. Google은 문장을 통째로 인공신경망에 넘겨주었다.

형태소는 언어학자들이 나름 연구하여 만들어 낸 규칙이긴 하지만 인간의 뇌가 실제로 형태소를 이용한다는 보장은 없다. 뿐만 아니라 형태소는 사전에 없는 내용이 나타났을 때 큰 약점을 드러냈다. 예를 들어, 21세기에 생겨난 신조어인 '이모티콘'이라는 단어를 형태소 사전에 추가해 놓지 않았다면 '이모'와 '티콘'으로 나눠 전혀 엉뚱한 의미로 이해하는 불상사가 일어날 수도 있는 것이다. 하지만 인간은 모르는 단어를 접하더라도 앞서와 같은 실수를 하지 않는다. 형태소에 의존하지 않기 때문에 문맥에 따라 과일 '배'와 탈것 '배'를 구분해 낸다. 이모티콘이라는 새로운 단어를 접할 경우 앞뒤 문맥을 보며 난생처음 보는 단어인지, 합성어인지까지 추정해 낸다.

이렇게 Google은 고집스러울 정도로 엔드 투 엔드에 집중했고, 여러 사례를 통해 엔드 투 엔드 딥러닝이 옳다는 것을 증명했다. 이를 기점으로 딥러닝 기술의 상용화 사례는 폭발적으로 증가했다. 2019

---

12 자연어처리(NLP, Natural Language Processing)는 컴퓨터가 사람의 언어를 이해하도록 만드는 방법을 연구하는 분야로, 기계번역 등이 이 분야에 해당한다.

년 기준 Google은 90여 개 언어 검색에 BERT를 사용하고 있다. IBM 왓슨이 새로운 시장을 개척하기 위해 고생하는 동안 Google의 엔드 투 엔드 인공신경망은 빠르게 응용 영역을 넓히고 있었다. 만약 Google이 기존의 업계 1위였던 IBM을 벤치마킹하는 쉬운 길을 택했다면 결코 일어날 수 없는 일이었다.

Google의 엔드 투 엔드 딥러닝 도입은 어떻게 후발 주자가 아이디어를 통해 선발 주자를 앞서갈 수 있는지를 보여 주는 훌륭한 예이다. Google은 스스로 '배우는' 인공지능이라는 선지자들이 만든 작은 돌파구에 집중했으며, 이를 자신들이 가진 막강한 데이터와 연구 개발 조직과 접목시켰다. 그렇게 함으로써 Google은 지난 수십 년간 인위적으로 인공지능을 '가르치려' 했던 IBM을 누르고 인공지능의 최강자가 되었다. Google이 이렇게 과감한 선택을 한 덕분에 컴퓨터의 가능성은 더욱 커졌고, 지난 수십 년간 누구도 가능하다고 생각하지 못했던 일을 할 수 있게 되었다.

현재 인공지능 생태계에서 Google이 미치는 영향은 일반인들이 아는 것 이상으로 어마어마하다. Google의 인공지능 기술은 알파고가 발표된 시점에나 일반인들의 주목을 받기 시작했으며, 지금도 많은 사람은 알파고나 알파스타 등 대표적인 인공지능의 이름 정도만 알고 있을 것이다. 하지만 인공지능 주요학회에서 발표되는 논문들의 절반은 미국에서 나오고, 미국의 인공지능 논문 중 절반은 Google에서 나올 만큼 인공지능 업계에서 Google의 영향력은 절대적이다.

엔드 투 엔드의
승리

인간처럼 배우는 인공지능을 만들어 보려는 시도는 2010년대에 들어서야 빛을 보게 되었다. 엔드 투 엔드 인공신경망은 이미 수십 년 전에 이론적으로 정립되었으나 오랜 시간이 지나야 했다. 그사이에 대다수는 당장 가능한 '현실적인 길'을 택했지만 결과적으로 혁신의 돌파구를 찾은 것은 어렵지만 '옳은 길'을 택한 소수였다. 이제 우리는 엔드 투 엔드의 승리로부터 혁신의 여정에 대한 몇 가지 교훈을 얻을 수 있을 것이다. 그리고 엔드 투 엔드 기반의 방법론이 정립됨으로써 생긴 거대한 변화들도 확인할 수 있을 것이다.

엔드 투 엔드의 승리가 알려 주는 교훈

더 빠른 비행기는 더 높이 날 수 있다. 그렇다면 계속해서 더 빠른 비행기를 만들다 보면 언젠가는 대기권을 돌파해 우주로 나아갈 수 있을까? 간단한 과학 상식만 알고 있어도 답은 아니라는 것을 알 수 있다. 비행기는 빠른 속도에서 나오는 날개의 양력으로 하늘을 난다. 속도가 빨라지면 양력도 커지므로 더 높이 날 수 있지만, 우주에는 공기가 없다. 따라서 우주에서 날개는 의미를 잃게 되며, 우주로 나가기 위해서는 로켓 엔진이 필요하다.

엔드 투 엔드 인공신경망이 혁신의 돌파구를 찾을 때까지 60여 년의 여정이 주는 가장 중요한 교훈은 '옳은 길'을 걷는 과감함의 중요성이다. 지금의 인공지능 붐은 컴퓨팅 기술이 미약했던 과거부터 지식과 노하우를 축적해 온 선지자들이 없었다면 일어나지 않았을 것이다. 새로운 학습 방법론이 자리하고, 이를 통해 최초의 문제를 해결할 때까지 기나긴 인내와 축적의 시간이 필요했다. 이 시간 동안 기다림에 지친 많은 사람이 SVM과 같이 당장 잘 작동하는 '현실적인' 알고리즘으로 눈을 돌렸다. 일단 더 빠른 비행기라도 만들다 보면 로켓 비슷하게 되지 않을까 생각했던 것이다.

이 고통스러운 과정이 계속될 수 있었던 이유는 끈기 있는 연구원들과 이들을 지원한 장기적 안목의 투자자들이 있었기 때문이다. 20년 안에 상용화할 수 없는 연구만 지원한다는 캐나다의 CIFAR가 없었다면 인공지능 혁신은 도래하지 않았을 수도 있다. 그리고 여기서 기회를 본 Google은 상업적으로 증명되지 않은 기술에 과감히 손을 뻗었다. 이처럼 현재의 인공지능 혁신은 어려운 길을 택한 과학자들,

정부 기관, 기업 덕분에 존재하는 것이다.

또 한 가지 교훈은 기술 간 만남의 중요성이다. 인공지능 과학자들을 괴롭혔던 문제 중 하나는 높은 산술연산 요구치였다. 이는 당시에 가장 많이 쓰이던 연산 반도체인 CPU로는 도저히 만족시킬 수 없는 것이었다. 그 시기에 NVIDIA는 CPU와는 정면 승부할 수 없으니 자신이 잘할 수 있는 분야를 끊임없이 찾아다녔다. 결국 대규모 연산에 특화된 반도체가 필요했던 과학자들과 새로운 사용처를 찾아다니던 NVIDIA가 만남으로써 세상을 바꾸는 진보가 일어났다. 그리고 다시금 세계에서 데이터를 가장 많이 가진 기업과 만나 거대한 혁신이 되었다. 과학자들은 인공신경망 연구를 통해 사람처럼 배우는 인공지능이 실현 가능한 것임을 증명했으며, NVIDIA는 이 기술을 현실에서 사용할 수 있는 하드웨어적인 기반을 마련해 주었다. 이후 Google은 자사가 가진 어마어마한 데이터를 투입해 인공신경망의 무한한 가능성을 보여 주었다.

어려워도 옳은 길을 걷는 과감한 도전 정신, 서로 관련 없어 보이는 이종 기술 간의 조합은 인공지능뿐 아니라 추후 자신의 기술을 통해 세상을 바꾸고자 하는 누구라도 마음에 새겨야 할 교훈이다. 인공지능 기술혁신의 여정은 다양한 기술이 서로 만나 논의하고 서로의 강점을 교환함으로써 완전히 새로운 세상을 만들어 낼 수 있음을 보여 주는 최고의 예라 할 수 있다.

엔드 투 엔드로 인한 세상의 변화

엔드 투 엔드 인공신경망이 성공하면서 인공지능 개발의 트렌드가 크게 바뀌었다. 개발 방법이 달라지고 응용처가 늘어나면서 세상의 모습도 크게 변했다. 가장 큰 변화는 누구나 인공지능을 만들어 볼 수 있었다는 것이다. 앞에서 소개한 IBM 왓슨은 프로그래머가 알고리즘을 만들어 데이터를 순서에 맞춰 처리하는 형태였다. 이런 인공지능을 만들기 위해서는 각 부분을 개발하는 소프트웨어 개발자가 다수 필요하다. IBM 정도 되는 규모의 회사만이 만들 수 있는 인공지능인 것이다. 왓슨에 문제가 생길 경우에도 IBM만이 해결할 수 있다. 어떻게 보면 모든 힘과 주도권이 IBM에 쏠리는 방식인 것이다. 반면 엔드 투 엔드 인공신경망은 다르다. 자신이 실험해 보고 싶은 인공신경망 구조가 있다면 수백 줄에 불과한 인공신경망 코드를 구현한 뒤 가지고 있는 데이터를 사용해 학습시켜 보면 그만이다. 학습에 대한 노하우가 필요하긴 하지만 수백 명의 개발자를 필요로 하지는 않는다. 이는 특히나 자신들만의 전문 도메인을 가진 회사들에게 큰 의미가 있다. IBM의 인공지능은 작은 시장에는 손을 뻗으려 하지 않을 것이기 때문이다. 하지만 엔드 투 엔드 인공신경망 기반이라면 작은 파트너를 끼고서라도 한 번 해 볼 수 있다.

또 한 가지 중대한 변화는 도메인 전문가 의존성의 감소이다. 기존 방식에서는 인공지능을 만들기 위해 각 분야의 전문가를 무조건

채용해야 했다. 번역기를 만든다면 번역 전문가, 동물 분류기를 만든다면 동물 전문가 등 각 분야 전문가가 깊이 관여하고 이에 맞춰 소프트웨어를 구현해야만 했다. 문제는 이런 전문가들을 언제나 구할 수 없을 뿐 아니라 이들의 의견이 반드시 정답이라는 보장도 없다는 것이다. 인간의 두뇌가 하는 작업 중 태반은 인간 자신도 어떻게 해내는지 잘 설명하지 못한다. 설명을 한다고 해도 언제나 사후약방문死後藥方文식일 수밖에 없다. 직감적으로 하는 것을 말로 풀어 설명하는 것은 전문가에게도 매우 어렵다.

이런 변화 덕분에 인공지능으로 새로운 것을 시도하기 더욱 쉬워졌다. 전문가가 필요 없으니 업종을 빠르게 바꿀 수 있게 된 것이다. 즉 수백 개의 작은 시장Niche으로 쪼개져 있던 인공지능 기업들이 인공지능 자체에 집중할 수 있게 되었다.

기존 방식이 적용 가능한 영역

우리는 지금까지 인공지능의 여러 방식 중 엔드 투 엔드 딥러닝을 집중적으로 다뤘으며 이 기술에 과하다 싶을 정도로 큰 찬사를 보냈다. 하지만 몇몇 사람은 이에 완전히 동의하지는 않을 것이다. 특히나 전통적인 방법으로 인공지능을 공부했고 해당 분야에서 큰 성과를 내던 사람들이라면 더욱 그럴 것이다.

실제로 기존의 기계학습 방법론도 여전히 많은 분야에서 사용되고 있다. 소비자 취향 분석이나 트렌드 분석, 추천 시스템, 대규모 정형 데이터를 활용한 분석 등에는 전통적인 통계적 방법론을 적용하는 것이 더 효과적이다. 로켓이 비행기의 자리를 차지하는 것이 아니듯 기존 방법론과 엔드 투 엔드 방법론 역시 상보적이다.

인공지능 기술이 크게 발전하자 인공지능을 도입해 보기 위해 저자에게 도움을 구한 사람이 여럿 있다. 몇몇은 일단 어디에든 인공지능을 도입하고 싶어 했다. 그중 일부는 기존 프로세스를 막연히 불신하고 있었다. 하지만 이는 인공지능 도입의 올바른 동기가 아니다. 인공지능은 수단일 뿐이다. 현재 회사가 겪는 문제를 엔드 투 엔드로 해결하기 힘들다면 기존의 방법론을 써 보는 게 좋다.

Chapter 02

혁신의 결과:
현재의 인공지능 기술

역사학자들은 15세기에서 17세기 사이를 특별히 '대항해시대'라 지칭한다. 이 시기에는 서유럽 국가들의 노력 덕분에 새로운 무역 항로가 대대적으로 개척되었다. 대부분 대항해시대 하면 콜럼버스의 신대륙 발견을 떠올리겠지만 실제로는 아프리카, 인도양 등 많은 항로가 발견되었으며, 마젤란은 세계 일주를 통해 지구가 둥글다는 것을 발견했다.

대항해시대가 도래할 수 있었던 요인은 여러 가지가 존재한다. 선박 건조 기술의 발전, 천체관측을 통한 방위 측정 정확도 향상 등이 그러한 요소였다. 지동설 역시 큰 역할을 했다. 오스만제국이 확장하면서 유럽에서 인도로 향하는 무역로가 막혔다. 지동설에 따르면 서쪽으로 계속 항해해도 인도에 다다를 수 있을 것이니 한 번 도전해 볼 가치가 있었던 것이다.

2012년 이미지넷 대회 이후 몇 년간 인공지능 산업에서 벌어진 일들은 본질적으로 위의 사건들과 비슷하다. 이미지넷이 인공신경망의 압도적 가능성을 보여 주었지만, 더 많은 기술적 돌파구를 마련한 뒤에야 다양한 분야에서도 빛을 발할 수 있었다. 발전시켜야 했던 기술이 방대했던 만큼이나 AI 대항해시대의 결과물은 값지다. 이번 장에서는 길었던 AI 항해에서 얻어 낸 수많은 진보와 혁신을 살펴볼 것이다.

인식 분야
연구의 완성

인간 뇌의 중요한 기능 중 하나는 사물을 보거나 소리를 듣는 등 감각기관을 이용해 현실의 자극을 받아들인 뒤 이를 분석, 분류, 판단 하는 것이다. 이러한 것을 인식_{Recognition}이라 한다. 인식 분야는 인간 의 지능을 모방하고자 할 때 가장 먼저 떠올릴 수 있는 영역이다. 인지 기능을 모방할 경우 수많은 새로운 작업을 자동화할 수 있기 때문 에 과학자들은 오랜 기간 동안 인지 분야에 매달렸다. 우리가 앞서 중 요하게 다뤘던 이미지넷 대회 역시 인공지능 분야 행사가 아니고 인 지과학 분야의 행사였다. 인공지능이 처음으로 이름을 알린 영역이 인지 분야임을 볼 때 이 분야가 얼마나 중요한지 알 수 있을 것이다.

인공지능 기술이 가장 먼저 성과를 낸 분야는 얼굴 인식_{Face Recognition} 이었다. 과거 사람들이 직접 규칙을 입력해 주던 방식의 얼굴 인식 알 고리즘들은 상업적으로 쓰기에는 정확도가 부족한데, 개발에 필요한 인원은 매우 많았다. 그러나 심층인공신경망 기반의 얼굴 인식 알고리즘이 도입되자 얼굴 인식의 정확도는 어마어마한 속도로 높아졌다. 2017년에 등장한 Arcface 알고리즘의 정확도는 99.7%로 사실상 더 개선할 수 없을 정도로 정확하다. 2012년 이미지넷 챌린지 이후 5년 만에 인식 분야는 과거의 방법론으로는 도저히 따라갈 수 없을 정도가 되었다. 이런 높은 정확도 덕분에 얼굴 인식 기술은 완전히 상용화되어 스마트폰 잠금 해제, 건물 출입 통제, 간편 결제 등 다방면에서 본인 인증 수단으로 쓰이고 있다.

뿐만 아니라 심층신경망이 사용하는 엔드 투 엔드 방식의 특성상 변화에 대한 대응이 간단해지게 되었다. 2019년 코로나 사태와 같이 사람이 마스크를 하고 다니는 상황이 되면 규칙 기반의 기존 얼굴 인식 알고리즘은 정확도가 크게 떨어지며, 정확도 개선도 매우 어렵다. 처음 인식 프로그램을 개발할 때 광대와 입술 모양 등을 중점적으로 보도록 개발했다면 이를 어떻게 개선할 것인가? 하지만 사용한 기술이 인공신경망이라면 문제는 간단하다. 입과 광대를 가린 사진으로 신경망을 재학습하면 된다. 만약 이후 새로운 전염병이 생겨 사람들이 안대를 쓰고 다니게 되더라도 마찬가지이다. 데이터를 구해 사용하면 된다. 정 안대를 쓴 사람의 사진을 구할 수 없다면 뒤에서 살펴볼 데이터 증강 방식을 통해서도 원하는 결과를 얻을 수 있다. 참고로 중국은 국가가 나서서 얼굴 인식 알고리즘을 개발하고 있는데, 5만 명이 꽉 차 있는 경기장에서 특정 인물의 얼굴을 찾아낼 정도로 기술이 발전했다고 한다. 수만 명의 얼굴은 각자 보는 방향과 그림자

유무 등이 제각각이다. 인공신경망 이전의 얼굴 인식 기술이었다면 상상도 할 수 없을 정도의 정확도이다.

다음으로 이야기할 사례는 음성인식 기술이다. 독자들 모두 인공지능 스피커에 대해서 들어 봤을 것이고, 일부는 실제로 사용도 해 봤을 것이다. 인공지능 스피커는 사용자가 스피커를 호출한 뒤 해 줘야 할 작업을 제시하면 스피커가 이에 맞춰 작업을 대신 실행해 주는 방식의 가전제품이다. 예를 들면 알렉사의 경우 "알렉사"라고 부르면 스피커가 동작 준비를 하며, "오늘의 날씨를 알려 줘"라고 요청 사항을 말하면 스피커가 오늘의 날씨를 음성으로 재생해 주는 방식이다. 일종의 가정용 비서이다.

인공지능 스피커는 매해 지속적으로 발전했다. 예전에는 정말 간단한 문답만을 할 수 있었는데, 지금은 "백두산의 높이가 얼마야?" 등 질문에 대한 답변도 검색해 대답해 준다. 여기서 한 가지 궁금증이 생길 법하다. 인공지능 스피커의 '인공지능'은 정확히 무엇을 하는 것일까? 대부분의 독자는 백두산의 높이를 대답해 주는 부분이라고 생각할 것이다. (사람처럼 대답하니까.) 하지만 인공지능 스피커의 가장 중요한 부분은 음성인식이다. 사람처럼 대답하는 부분인 자연어처리[13]기능도 중요하지만, 애초에 스피커가 사람의 말을 이해하지 못한다면 사람처럼 말할 줄 안다 해도 소용없지 않겠는가! 스피커가 사람의 말을 듣기 위해서는 목소리를 글자로 바꾸는 STT**Speech to Text**라는

---

13 자연어처리에 대한 내용은 뒤에서 따로 다루기로 한다.

부분이 필요한데, 이 부분이 오랫동안 인공지능 스피커 개발을 힘들게 했다.

STT의 발전을 가로막던 큰 문제는 다국어 지원 문제였다. 얼굴 인식의 경우 특정 인종만을 대상으로 만든 과거의 알고리즘도 백인, 흑인, 황인 등 다양한 인종의 얼굴을 어느 정도는 구분할 수 있었다. 왜냐하면 눈, 코, 입 등의 공통 요소가 존재하기 때문이다. 하지만 음성인식은 다르다. 언어의 종류가 수십 가지다. 과거의 방식으로 음성인식을 개발할 경우 언어별로 단어와 음절 등을 분리하는 알고리즘을 만들어야 한다. 영어와 중국어 등을 제외한 사용자가 적은 언어는 개발 속도가 더딜 뿐만 아니라 타국에서 발견된 신기술을 빠르게 활용할 수가 없다. 글로벌 협업의 이익을 누릴 수 없는 것이다. 또한 인식 전공자들의 직업 선택 문제도 생긴다. 전문가들이 '한국어 인식', '일본어 인식', '영어 인식' 등으로 나뉘고, 그에 따라 이직 등이 힘들어지게 된다.

이런 문제를 해결한 것이 앞서 살펴봤던 LAS_{Listen, Attend and Spell}이다. LAS는 기존 음성인식 기술의 복잡한 절차를 인간의 신경망 구조에 가깝게 더욱 단순화했다. 과거의 음성인식 기술은 음성 파일에서 사람 목소리를 골라내고(특성 추출), 이를 통해 발음을 글자로 만들어 낸 뒤(음향 모델) 해당 글자에 가장 가까운 단어를 사전에서 찾아내는(언어 모델) 방식을 주로 사용했다. 쉽게 설명하면, 누군가가 대화하는 음성에서 노이즈를 제거한 뒤 'Hullo'라는 발음이 나타나면 이를 일단 'Hullo'라고 적은 뒤 사전에서 이와 가장 가까운 단어인 'Hello'를 선택하는 방식이었다. 일단 사용자 음성이 입력되고 나면 복잡한 데이터 전처리를 거치고, 뒤에서 후처리를 하는 방식이었던 것이다. 과거의 음성인식 기술은 매우 복잡한 공장과도 같았으며 공장의 구조는 영어, 한국어, 일본어 등에서 완전히 달랐다.

[그림 2-1] Google이 공개한 E2E 음성인식 LAS 모델 구조

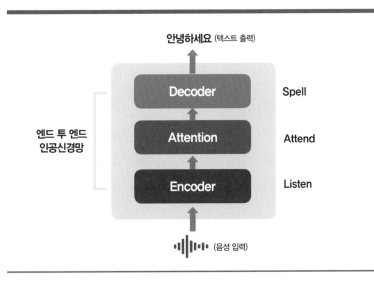

하지만 Google의 LAS는 진정한 의미의 엔드 투 엔드 방식을 실현했다. STT 내부의 음성을 처리하던 복잡한 절차가 사라져, 인간에 가까운 모습으로 변한 것이다. LAS 기반의 STT 내부는 영어, 일본어, 한글 등 언어 종류에 무관하게 동일했다. 이러한 변화 덕분에 국가별 언어에 따라 완전히 다른 음성인식 프로그램을 개발해야 하는 불편함이 사라졌다. 음성인식 기술의 상용화를 가로막던 언어의 벽이 사라지고, 진정한 의미로 전 세계 모든 나라가 쓸 수 있는 음성인식 기술이 생겨난 것이다. Google은 40개가 넘는 음성언어를 글자로 바꾸는 서비스를 지원했다. 이런 혁신이 없었다면 전 세계에 인공지능 스피커는 보급되지 못했을 것이다.

인식 기술의 빠른 발전은 인공지능 기술이 두 분야에 진출할 수 있게 해 주었다. 전문가가 해야만 했던 분야들과 반복적이고 단순한 노동 분야이다. 전문가 분야의 대표 예는 의료다. 의사가 환자를 진단할 때 중요하게 보는 것 중 하나는 시각 정보이다. 의사들은 환자의 CT와 MRI 이미지에서 골절, 암, 각종 병변 등 일반인보다 훨씬 많은 정보를 얻어 낸다. 하지만 의사도 때때로 오진을 한다. 의사별로 가진 경험과 능력이 조금씩 다르며, 당일의 컨디션에 영향을 받을 수도 있다. 만약 인공지능이 시각 진단을 대신해 주고 의심 부위를 제안할 수 있다면 인간 의사의 단점을 상당 부분 메워 줄 수 있을 것이다. 국내 대표적인 의료 인공지능 스타트업인 뷰노Vuno의 LungCT 솔루션은 본래 흉부 CT 사진의 해상도를 보다 선명하게 해 주는 초해상도Super Resolution 알고리즘을 적용했다고 소개하고 있다. 초해상도 알고리즘을 적용하면 이미지를 더 확대할 수 있으며, 이 덕분에 더 작은 병변 등을 인식할 수 있다.

인식 분야를 응용할 수 있는 부분은 무궁무진하다. 손가락뼈 X-ray 영상에서 환자의 골연령을 추정하거나 뇌 MRI 이미지를 분석해서 다양한 퇴행성 뇌질환 진단의 보조 지표를 제공할 수 있다. 흉부 X-ray 영상으로부터 폐암, 결핵, 폐렴과 같은 질병을 진단하고, 안저 영상을 기반으로 망막 질환을 진단하는 등 대부분 의사들이 눈으로 보고 판단하던 영역 전반에서 응용할 수 있다. 이러한 방식은 환자와 의사 모두에게 이익을 가져다준다. 환자들의 경우 오진으로 고생하는 경우가 줄어들 것이며, 의사들은 진단에 드는 시간을 절약할 수 있다.

다음으로 소개할 응용 분야는 비전 검사이다. 비전 검사는 말 그대로 시각을 통해 물건을 검사한다는 의미로, 보통 공장에서 제품을 생산하는 공정 중 육안으로 불량을 확인하는 작업을 의미한다. 본래 이런 작업은 인간이 앉아서 지루하게 반복해야 했으나 인공지능 기반의 인식 기술이 발전한 덕분에 새로운 길이 열리게 되었다. 이 기술로 유명한 한국 스타트업은 2019년, 해외의 한 업체로부터 2300억에 인수된 수아랩이다. 전 세계 공장들의 관심사는 대부분 비슷하다. '어떻게 하면 더 비용을 낮출 수 있을까'다. 비용을 낮추는 방법으로는 여러 가지가 있지만, 중요한 몇 가지를 꼽아 보자면 수율을 높이는 것과 자동화율을 높이는 것이다. 하지만 이 두 가지 개선을 방해하는 것 중 하나가 공정 중간 중간에 끼어 있는 인간이 직접 하는 검사이다. 인간이 직접 눈으로 검사하는 과정이 들어갈 경우 작업자 컨디션에 따라 속도가 느려지거나 불량 제품이 다음 단계로 넘어갈 수 있다. 뿐만 아니라 인간이 개입하기 때문에 완전 자동화가 힘들어진다.

비전 검사는 인간 검사자가 있을 자리에 인공지능을 놓는 간단한 방식이다. 기판이 검사용 카메라 아래 도달하면 객체 인식Object Detection

을 통해 불량을 검사할 제품을 찾아낸다. 이를 통해 제품이 약간 대각선으로 오거나 느리게 오는 등의 오차를 해결한다. 그다음에는 제품 안에서 불량 검사를 해야 하는 영역들을 찾아낸다. 영역들을 찾아냈으면 이제 신경망에 학습되어 있는 정상 제품 모습과 비교해 불량을 검출하면 되는 것이다. 원한다면 학습 과정에서 불량과 정상 두 개가 아닌 PCB 불량, 저항 불량 등 다양한 형태로도 불량 종류를 나눌 수 있다.

시각 정보뿐만 아니라 소리나 진동 데이터, 전기신호의 패턴 등 다양한 데이터를 기반으로 불량이나 기계 고장 등을 찾아내려는 시도가 계속되고 있다. 대부분 실현 가능할 것이며, 심지어 인간은 할 수 없는 초음파 영역의 소리를 분석하거나 가시광선 외 영역의 이미지도 분석할 수 있을 것이다. 인식 분야의 발전은 우리가 어린 시절에 생각했던 수많은 미래 기술을 현실로 만들어 줄 것이다. 자율주행차도 결국 자동차 주변의 상황을 파악해야 하므로 인식 기술이 없으면 실현될 수 없다. 각종 인증 및 사용자 음성 입력의 개선 역시 인식 기술이 핵심이다.

응용 차원에서는 기존에는 인간만이 할 수 있으나 신체적·정신적 한계상 정확도가 크게 변화하던 영역들을 정복할 수 있게 되었다. 이는 수많은 분야의 자동화와 효율화를 가로막던 손톱 밑 가시를 제거해 준 것과 같다. 인식 기술은 인공지능이 확실하게 두각을 나타내고 그 결과를 상업적으로도 보여 주고 있는 분야다. 따라서 적절한 분야만 찾아낸다면 무궁무진한 아이디어를 실현해 낼 수 있다. 만약 여러

분이 인식 분야의 창업을 고려하고 있다면 일단 Google이 그걸 하고 있는지 검색해 보라. 만약 Google이 하고 있지 않다면 해당 인공지능을 학습시킬 데이터를 구할 수 있는지 고민해 보라. 만약 Google이 하고 있지 않은데 데이터는 구할 수 있다면 한 번 시도해 볼 가치가 있다.

생성 분야
연구의 약진

인식 분야는 인공지능 기술 없이도 정확도 문제는 있으나 작동은 가능했다. 인간의 얼굴을 인식하는 프로그램을 만들어야 한다면 정확하게는 모르더라도 눈, 코, 입이 얼굴을 구분하는 데 필요하다는 것은 알고 있으니, 눈, 코, 입과 관련한 코드를 구현할 것이다.

하지만 '창작'에 해당하는 영역은 어떨까? '자연스러운 30대 얼굴'을 그리는 프로그램을 구현한다고 해 보자. 코드를 어떻게 구현해야 하는지 감도 잡히지 않을 것이다. 이는 저자와 독자들뿐만 아니라 프로그래머들에게도 어려운 문제였다. 그래서 기존의 프로그램들은 창작 분야에서 매우 약한 모습을 보여 주었다. 하지만 최근 생성 분야에도 혁신이 일어났다. 데이터와 인공신경망만 있으면 자연스러운 사람 얼굴은 물론이고, 목소리와 어조까지 흉내 낸 음성도 생성할 수 있다. 심지어 반 고흐나 피카소와 같은 유명 화가의 화풍으로 그림을 생성할 수 있다. 바로 GAN_{Generative Adversarial Network, 적대적 생성 모델} 덕분이다. GAN은 두 인공신경망이 경쟁하는 형태의 독특한 인공신경망이다. 한쪽의 신경망은 그럴싸하게 가짜 얼굴을 만드는 역할(생성자)을 하며, 다른 한쪽은 그게 진짜 사람인지 아닌지 구분하는 역할(판별자)을 맡는다. 인공신경망을 학습시키기 위해서는 추론(생성) 결과물의 점수를 매겨야 하는데 그 점수를 매기는 것도 다른 인공신경망(판별자)의 몫이다. 두 인공신경망이 함께 성장하면서 정밀도가 올라가는 것이다.

생성 기술은 일종의 창작이기에 쓰임새가 매우 다양하다. 그중 하나가 조건부 생성_{Conditional Generation}이 필요한 곳이다. 인공지능 생성 모델은 굉장히 자연스러울 뿐만 아니라 통제하기 쉽다는 장점이 있다. 생성할 때 피부색, 머리카락 길이 등의 특성을 사용자가 원하는 대로 지정할 수 있기 때문이다. 이러한 특성 때문에 몇몇 게임 회사나 영화 제작사들이 얼굴 생성 기술을 유용하게 사용한다. 예전에만 해도 영화에서 수천 명을 CG(컴퓨터 그래픽)로 처리할 때 어색한 부분이 있었다. 수천 명의 얼굴을 CG로 일일이 만들 수가 없었기 때문에 동일한 얼굴들을 계속 가져다 붙인 탓이다. 이런 부분들이 네티즌들에 의해 밝혀져 웃음거리가 되기도 했다. 하지만 이제 그런 일은 없을 것이다. 이번에도 인공지능이 기존의 인간이 하기엔 번거로웠던 문제들을 해결해 준 것이다.

이미 우리 손 위에도 생성 모델이 도착해 있다. 바로 인공지능 지우개이다. 누구나 한 번쯤 사진에서 지나가는 행인 등 마음에 안 드

[그림 2-2] 삼성 포토 에디터 사용 예시

삼성 포토 에디터 V.3.0.25.33, AI 지우개 V.1.0.01.1

는 부분을 지우고 싶었던 경험이 있을 것이다. 이런 경우에 사용할 수 있는 것이 AI 지우개(삼성전자 갤러리 앱 기준)다. [그림 2-2]와 같이 사물을 선택하기만 하면 인공지능이 자동으로 사물을 지우고 배경을 참고하여 채워 넣어 준다. 채워 넣는다는 표현에서 짐작하겠지만 이는 사실 지우개라기보다는 창작개(?)에 가깝다.

과거에는 사진을 보정하기 위해선 포토샵을 배워 일일이 수작업을 해야 했다. 일단 사람이 없애고자 하는 사물 영역의 경계를 지어 줘야 한다. 소위 '누끼'라고 부르는 작업이다. 그다음에는 주변 배경을 보면서 비슷하게 '창작'을 해야 했다. 누끼는 일반인도 열심히 하면 할 수 있지만 주변 배경을 보며 그럴싸하게 사진을 만들어 내는 것은 프로의 영역이다.

이러한 복원은 하루 이틀 포토샵을 속성으로 배운다고 할 수 있는 일이 아니다. 하지만 인공지능 이미지 복원Image Inpainting 기술 덕분에 일반인들도 프로 이미지 전문가의 일을 할 수 있게 된 것이다. 참고로 누끼 작업 역시 사물인식 인공지능 덕분에 자동화되었다.

AI 혁명의 미래

이미지 생성 기술의 응용 분야는 매우 광범위하다. 개인 정보 유출 방지를 위해 특정 영상에 나오는 자동차 번호판을 전부 가짜로 바꿀 수 있다. TV 프로그램들은 광고 정책 때문에 특정 브랜드 로고에 모자이크를 입히고 있는데, 이미지 제거 기술을 사용하면 더 자연스러운 영상을 만들 수 있다. 이렇게 활용도가 높은 서비스가 가능해진 것은 딥러닝 상용화 이후 이미지 생성 기술이 그만큼 성숙해졌기 때문이다. 딥러닝 기반 생성 기술은 이제 인간의 고유 영역이라고 여겨지던 '상상'과 '창의'의 영역까지 침범하고 있다.

음성 생성**TTS: Text To Speech** 분야에서도 꽤 흥미로운 성과가 나오고 있다. 2020년 12월 음악 전문채널 엠넷**Mnet**에서 방영한 〈다시 한번〉이라는 프로그램이 화제였는데, 이 프로그램은 2008년에 요절한 터틀맨 임성훈 씨를 AI로 복원하는 데 성공하며 많은 이의 이목을 끌었다. 많은 사람이 다시 무대로 돌아온 터틀맨을 보고 놀랐을 것이다. 하지만 여기서 인공지능이 사용된 곳은 춤추는 터틀맨 쪽이 아니다. 목소리 쪽이다. 현실에서 터틀맨과 유사한 체형의 사람을 찾는 것은 쉽지만, 터틀맨처럼 노래를 부를 수 있는 사람을 찾기는 어렵기 때문에 인공지능 기술의 힘이 필요했던 것이다. 이 작업은 쉽지만은 않았다. 일반 음성 대화 데이터와는 달리 특정 가수의 녹음 데이터는 전 세계를 뒤져도 100여 건밖에 구할 수 없는데 박자, 음정 등의 번거로운 요소가 들어가 있다. 심지어 무대 소음과 악기 소리 등 많은 소음이 섞여 있기까지 하다.

이와 같은 성과는 음성 전문 스타트업인 슈퍼톤[14]이 만들어 낸 것이다. 슈퍼톤은 데이터를 제공받으면 음성 합성 모델을 훈련시킬 뿐만 아니라 데이터에서 잡음을 제거하는 기술도 제공하는 것으로 알려져 있다. 실제 가수가 부른 노래 데이터로 학습한 인공지능 노래 생성 프로그램은 해당 가수가 고음을 처리하는 스타일이나 자주 사용하는 기교까지 자연스럽게 따라 할 수 있다.

슈퍼톤은 이 기술을 활용해 지속적으로 성과를 만들고 있다. 2021년에는 SBS 특별 기획 〈세기의 대결 AI vs 인간〉에서 실제 가수 옥주현과 AI 옥주현이 대결하기도 했으며, 2022년 초에는 〈ALIVE〉 프로그램을 통해 지난 2013년 암으로 세상을 떠난 울랄라세션의 리더 임윤택을 재현하기도 했다. 슈퍼톤의 성공은 이미지 생성 분야에 비해 상대적으로 연구 활동이 부족한 음성 분야에서도 딥러닝 기반 생성 기술이 유효하다는 것을 증명했다는 점에서 시사하는 바가 크다. 특히나 적은 양의 데이터만으로도 소비자가 만족할 만한 결과물을 만들어 낼 수 있음을 증명해 낸 것이 큰 성과라 할 수 있다.

마지막으로 소개할 생성 모델 활용 사례는 네이버가 2021년 말에 공개한 AI 페인터다. AI 페인터는 웹툰 제작 과정에서 채색 작업을 인공지능 기술로 보조해 주는 서비스이다. 일반적으로 채색은 상당한 시간과 노력을 필요로 하기 때문에 채색 보조 도구는 생산성을 크게 높여 주는 도구라 할 수 있다. 예를 들어 그림 작가가 밑그림을 그

---

14 음성 연구의 대가인 서울대학교 이교구 교수 및 연구팀을 중심으로 창업한 스타트업이다.

[그림 2-3] 네이버 AI 페인터 사용 예시(힌트 3회 사용)

린 다음 머리색을 갈색 계열로 칠하고 싶다고 하자. 문제는 단색 하나만 사용할 경우 그림이 매우 어색해진다는 것이다. 바라보는 방향과 원근감 등의 변화에 따라 머리색이 다르게 보일 수 있기 때문이다. 네이버의 AI 페인터는 이런 부분을 고려해 만들어졌다.

AI 페인터는 편의성에 대한 고려도 많이 했다. 실제로 사용해 보면 머리카락에 색을 칠할 경우 이미지 전체가 해당 색을 쓰되 부위별로 명도와 채도를 적당히 바꿔 가며 매우 자연스럽게 채색됨을 알 수 있다. 이는 AI 페인터가 다양한 인공지능 기술을 사용하고 있음을 말해 준다. [그림 2-3]의 눈, 코, 입을 보면 동일한 테마의 색을 사용하지만 음영 등이 다르게 들어가는 것을 볼 때 각 부위를 구분하게 해 주는 이미지 분할 기능이 들어가 있음을 짐작할 수 있다. 채색과 음영 역시 인공지능을 통해 이뤄지고 있을 것이다.

AI 페인터에 적용된 채색 기술이 학술적으로 널리 알려진 방법론은 아니기 때문에 세부적으로 정확한 기술을 알 순 없다. 다만 학습 데이터로 웹툰 작가들의 채색 전후 그림을 사용했을 것이라고는 추측할 수 있다. 프로 웹툰 작가들이 공들여 채색해 놓은 결과물로 학습했기 때문에 클릭 몇 차례만으로도 굉장히 자연스러운 결과물이 나오는 것이다.

'힌트'라고 부르는 독특한 기능 역시 존재한다. 힌트 기능을 사용하면 색칠하려고 지정한 부위 주변도 어울리는 색으로 함께 칠해 준다. 머리를 갈색으로 색칠한 뒤 파란색으로 눈을 색칠할 경우, AI 페인터는 머리카락 색깔은 그대로 둔 채 눈과 그 주변을 파란 눈에 어울리는 형태로 채색한다. 이 설명을 들으면 알 수 있겠지만, 이 역시 조건부 생성이다. 사용자의 클릭 위치와 선택한 색깔, 힌트 유무에 따라 다른 결과물을 만들어 주는 것이다.

AI 페인터와 같은 사례가 의미 있는 이유는 이 서비스는 네이버만이 할 수 있는 것이기 때문이다. 학술적으로 공개된 인공신경망을 사용해 개선판 논문을 쓰는 것은 상대적으로 쉽고 안전하다. 하지만 AI 페인터는 그 길을 가지 않았다. 네이버 웹툰이라는 경쟁력 있는 기존 서비스에서 자신들만이 가질 수 있는 데이터를 얻어 낸 뒤, 여기에 인공지능이라는 신기술을 접목하여 만들어진 것이다. AI 페인터는 기존에 영위하던 사업과 인공지능 기술 두 가지 모두를 잘 이해하는 회사가 어디까지 해낼 수 있는지를 보여 주는 매우 좋은 예이다.

강화학습 기술과
의사결정 분야의 가능성

치열한 체스 게임을 하고 있다면 상대방을 이기기 위해 이번엔 어떤 수를 둬야 할까? 수익률을 극대화하기 위해서는 지금 주식을 팔아야 할까, 말아야 할까? 이런 의사결정Decision Making이야말로 인간 두뇌가 하는 일의 정수라 할 수 있다. 의사결정은 앞에서 다룬 인공지능들과는 큰 차이가 있다. 예를 들어, 고양이와 개를 구분하는 문제에는 답이 있다. 하지만 의사결정 문제는 다르다. 그 순간의 정답이라는 것이 없다. 내가 이번에 두는 체스 수는 정답이 아닌 추정일 뿐이다. 여기에 사용되는 것이 강화학습이다.

의사결정 분야의 신경망 학습은 앞서 살펴본 신경망들과는 매우 다르다. 퇴근길 교차로의 교통정리를 하는 교통경찰들을 인공신경망이라고 생각해 보자. 만약 경찰들이 아무 일도 하고 있지 않다면 때때로 텅텅 빈 교차로에 녹색 불이 들어와 있거나 차가 가득 서 있는 교차로에 빨간불이 들어와 있을 것이다. 이때 경찰관들에게 어떻게 일을 시켜야 도로의 총통행량을 늘릴 수 있을까? 한 예로 "교차로를 지나는 차량의 대수가 늘어날수록 월급을 더 주겠다"고 제안할 수 있을 것이다. 이렇게 하면 경찰들은 텅 빈 교차로는 빨간불로 바꾸고, 꽉 찬 교차로는 녹색불로 바꾸는 등 교차로의 통행량을 높이기 위한 행동을 할 것이다.

강화학습은 상태, 행동, 목적함수로 구성된다. 상태는 교차로에 자동차들이 서 있는 매 순간의 상황이며, 행동은 경찰관이 취할 수 있는 교차로 신호 변경 등의 행동이다. 목적함수는 경찰관이 신호 조작을 함으로써 얻을 수 있는 월급의 예상값이다. 즉 강화학습은 인공지능이 할 수 있는 각종 행동을 통해 상태를 바꿈으로써 목적함수에서 나오는 보상을 최대화하도록 학습시키는 과정이다.

강화학습의 특징 중 하나는 현실에서 해 보기 힘들다는 것이다. 인공신경망을 학습시키기 위해 실제 교차로를 사용했다가는 빈번하게 사고가 일어날 것이다. 따라서 강화학습에는 일반적으로 시뮬레이션이 사용된다. 시뮬레이션은 학습을 가속화하고 현실의 윤리적 문제를 막아 준다는 장점이 있다. 하지만 시뮬레이션이 현실을 제대로 반영하지 못할 경우 문제가 될 수 있다. 이런 이유로 알파고도 게임 바둑을 통해 학습했으며, 그 후계인 알파스타 역시 게임 〈스타크래프트〉가 대상이었다. 게임 자체가 현실이니 더없이 훌륭한 시연대인 것이다.

목적함수를 만들기 힘들다는 것도 특징이다. '인간이 바라는 것'을 함수나 공식 형태로 쓰는 것은 매우 힘들다. 앞서 교통경찰에게 준 목적함수는 '각 교차로' 소통량 최대화였다. 하지만 그렇게 최적화를 했더니 정작 출퇴근 시간에 있어 가장 중요한 도로에서의 통행량이 깎여 나가거나 개별 교차로의 통행량 최적화가 다른 교차로들의 통행을 연쇄적으로 방해하는 등의 문제가 발생할 수 있다.

강화학습은 아직 발전할 것이 많다. 그럼에도 지속적으로 관심을 가져야 한다. 이미 Google이 컴퓨터를 이용해 세계 최정상급 바둑 기사를 이길 수 있음을 보여 주었기 때문이다. 세계 최정상급 바둑 기사는 타고난 재능에 수십 년간의 연습과 훈련이 갖춰져야만 완성되는, 단순히 '사람 한 명'이 아니다. 인공지능이 특정 분야에서라도 상위 0.1%의 인간을 대체할 수 있다면 그 역시 어마어마한 진보라 할 수 있다.

초거대 언어 모델과
자연어처리

기술이 발전하다 보면 한때는 별개의 무언가라고 생각했던 것이 알고 보니 동일한 것임을 알게 되는 경우가 있다. 한때 사람들은 나무에서 사과가 떨어지는 것은 지상의 법칙이고, 하늘에서 달과 별이 도는 것은 천상의 법칙이라고 생각했다. 하지만 뉴턴은 사과가 떨어지는 것과 달과 별이 하늘 위를 도는 것이 같은 현상임을 보였다. 이러한 흐름이 현재 인공지능의 자연어 분야에서도 나타나고 있다. 바로 초거대 언어 모델이다.

초거대 언어 모델에 대해 설명하기 위해서는 기존의 자연어처리 분야 연구를 먼저 짚어야 한다. 우리가 지금까지 살펴본 인식, 생성 등의 인공신경망은 특정 분야에 전문화된 작업을 매우 효과적으로 수행하도록 만들어져 있었다. 이는 자연어처리 분야에서도 마찬가지였다. 자연어처리는 쉽게 말하면 '글을 읽고 이해하는 것'이다. 자연어 이해—뉴스를 입력하면 그 뉴스가 정치 기사인지, 스포츠 기사인지 등 카테고리를 구분하는 것—와 자연어 생성—기상청 날씨 데이터를 입력하면 인공지능이 오늘의 날씨 뉴스 기사를 작성하는 것—이 그 예에 해당한다. 처음에 연구원들은 이런 종류의 작업들을 전부 별도의 인공신경망을 통해 해결하고자 했다.

자연어 분야에서 가장 어려웠던 것은 인간처럼 대화Dialog하는 기술이었다. 온 홈페이지에 챗봇이 있는데 무슨 이야기냐고 생각할지 모른다. 하지만 이 챗봇 기술들은 사용자 입력을 보고 의도Intent를 파악한 뒤 이에 맞춰 사전에 입력된 정답을 말하는 형태일 뿐이다.[15] 여기서 인공지능 기술이 사용되는 곳은 의도 부분인데, 이는 사실 사물인식에 가깝다. 예를 들어 "피자 주문하려고요"라는 문장을 입력하면 인공신경망은 해당 문장을 '주문'이라는 의도로 분류할 뿐이다. 그 이후엔 사전에 입력되어 있던 '주문' 시에 출력해야 하는 문장을 내보낼 뿐이다. 문장을 만들어 낸 것이 아니다.

한편 시장에는 조금 더 진보된 형태의 챗봇도 있었다. 한때 많은 이슈를 일으켰던 챗봇 '이루다'이다. 이루다는 다른 챗봇들과는 달리 대화가 자연스러워 실감 나게 연애하는 기분을 느낄 수 있어 사용자들로부터 좋은 평가를 받았다. 개발사가 밝힌 자료에 의하면 이루다가 답변할 수 있는 문장은 약 2만 개였다. 수백에서 수천 개의 답변이 가능하던 기존의 업무용 챗봇들보다 10배 이상 많은 문장을 가지고

---

15 챗봇 중에는 사용자가 선택 버튼만 누를 수 있는 형태도 존재한다. 이러한 기술은 인공지능과는 전혀 관계가 없다.

[그림 2-4] 일반적인 챗봇의 의도 파악 및 답변 과정

있었으니 더 자연스러울 수밖에 없었던 것이다.

또 한 가지 이루다가 가지고 있는 특징은 신경망의 구성이다. 잠시 살펴봤지만 일반적인 챗봇은 [그림 2-4]와 같은 방식으로 동작한다. 하지만 이루다의 경우 사용자 입력 한 줄만을 이용해 사용자의 의도를 파악하는 방식이 아니다. 이루다는 대화의 맥락에 해당하는 정보를 이용해 답변을 찾아낸다. 이번에 입력된 문장의 답을 출력하기 위해 그 전에 있었던 대화들까지 살피며 의도를 찾는다. 마지막한 문장에서만 의도를 파악하는 게 아니므로 좀 더 인간에 가까운 형태가 될 수 있었던 것이다. 하지만 여전히 답변은 사전에 정해진 것밖에 할 수 없다. 더 풍부한 발화를 원한다면 사람이 뒤에서 적절한 문장을 골라 데이터베이스화해야 하는 것이다. 결국 주어진 의도를 보고 답안지를 보며 대답하는 구조는 변하지 않았다.

이 과정에서 연구자들은 보다 근본적인 문제를 깨달았다. 사용자 발화에서 의도를 파악하고(자연어 인식) 의도에 따라 답변을 생성하는

(자연어 생성), 즉 자연어의 인식과 생성 과정을 분리하는 방식 자체에 문제의식을 느낀 것이다. 사람과 사람의 대화는 그렇게 딱딱 나눠지지 않는다. 사람은 대화할 때 한 가지 요소에만 의존하지 않는다. 답변을 할 때는 기존 대화의 맥락도 무시할 수 없으며, 더 나아가 머릿속에 저장되어 있는 기본 지식도 상대방의 말에 답변할 때 영향을 준다. 상대의 말을 잘 듣고 이해하는 사람은 글도 잘 쓸 가능성이 높다. 이에 연구자들은 언어에 대한 이해와 문장의 생성을 완전히 구분하지 않고 한 번에 학습하는 거대한 인공신경망을 만들고자 했다. 그리고 오랜 시간에 걸쳐 이들의 노력이 드디어 빛을 발하게 되었다. OpenAI의 GPT-3Generative Pre-trained Transformer-3가 등장한 것이다.

GPT-3는 '트랜스포머[16]라는 단위 인공신경망을 기반으로 만든 사전 학습된 생성 모델'이다. 숫자 3에서 알 수 있듯 과거에 GPT-1과 GPT-2도 있었다. 이들의 경쟁자는 Google의 BERT였으나 그동안은 크게 두각을 나타내지 못했다. 하지만 GPT-3에서 큰 진전이 있었다. 단순한 트랜스포머 알고리즘을 쓰되 네트워크의 크기를 키우고, 학습 데이터의 양을 늘리는 것에 최대한 집중했다. 특정 전문 분야에 집중하기보단 언어로 되어 있는 모든 다양한 데이터를 학습에 사용했으며, 여기에 기존에 자연어 이해와 자연어 생성에서 사용하던 학습 방식을 병행하여 사용했다. GPT-3의 성능은 충격적이었다. 일단 GPT-3로 생성한 뉴스는 인간이 구분할 수 없을 정도로 정교했다. 더

---

16 트랜스포머에 대해서는 다음 장에서 다룬다.

놀라운 점은 GPT-3가 '언어'의 범주에 들어가는 거의 모든 작업을 수행할 수 있다는 것이다. 소설이나 수필을 작성할 수 있었고, 기존 기술들보다 훨씬 자연스러운 대화 생성도 가능했다. 사용자가 원하는 대로 스토리를 즉석 생성하는 〈AI 던전AI Dungeon〉이라는 게임에 사용되었을 정도다. 심지어 일반적인 언어가 아닌 컴퓨터 프로그래밍 언어나 수식도 다룰 수 있었다. GPT-3가 자바나 파이썬 같은 프로그래밍 언어로 코딩을 해 주는 경지에 이른 것이다. 기존의 개별 인공신경망이 담당하던 인간과의 대화, 기사 분류 등의 작업도 당연히 가능하다.

Google 역시 초거대 언어 모델인 람다LaMDA를 내놓았다. 람다는 아예 자신이 명왕성인 것처럼 가정하고 대화하기도 한다. 이와 같은 방식은 과거의 생성 모델로는 상상도 하기 힘든 일이다.

이 같은 성공 덕분에 수많은 기업이 초거대 언어 모델에 뛰어들겠다고 선언하기 시작했다. Google, 네이버뿐만 아니라 LG전자 등 인공지능과 무관해 보였던 기업들 역시 진출을 선언했다. 하지만 이 과정에서 때때로 초거대 언어 모델의 본질과 멀어진 이야기들이 나오고 있어 독자들의 주의가 필요하다. 하이퍼클로바는 오리지널 GPT-3의 1250억 개 파라미터보다 큰 2000억 개의 파라미터를 사용하며, LG전자의 엑사원은 그보다 많은 3000억 개를 목표로 개발을 시작했다고 한다. 하지만 초거대 언어 모델에서 중요한 것은 파라미터의 개수만이 아니다. 앞서 언급했듯 본질은 더욱 인간에 가깝게, 다양한 경험을 인공신경망에게 제공하는 것이다. 파라미터의 개수 증가는 이 과정에서 지식이 저장될 공간을 늘려 주는 역할을 할 뿐이다.

현재 초거대 언어 모델은 넘어야만 하는 수많은 도전이 기다리고 있다. 거대 신경망을 학습시키는 것은 굉장한 모험이다. GPT-3는 기사는 잘 작성하지만 덧셈의 경우 특정 자릿수 이상은 제대로 해내지 못하기도 한다. 이는 아직 초거대 신경망이 진짜 의미로 '이해'의 영역에는 도달하지 못했기 때문인지도 모른다. 이 원인을 찾고 해결하기 위해서는 인간을 모사하는 수많은 시도가 이뤄져야 한다. 예를 들면 인간은 어릴 때부터 오감을 이용해 세상을 경험하는데, 어쩌면 초거대 신경망도 인간과 같이 글뿐만 아니라 이미지 등 다른 감각에 해당하는 정보까지 함께 학습하는, 멀티모달리티Multi-modality를 구현해야 할지도 모른다.

초거대 언어 모델은 인공지능에서 현재 가장 거대한 인공신경망이며, 가장 많은 종류의 일을 해낼 가능성이 있는 모델이다. 이후에도 수많은 회사가 여기에 도전장을 던질 것이다. 이런 시대에 적응하기 위해서는 독자들 역시 초거대 언어 모델이 무엇인지를 어느 정도 이해하고, 나아가 파라미터 숫자나 모델 크기 등의 정량 지표를 넘어서는 평가 지표를 이해할 수 있어야 한다.

AI로 어디까지
할 수 있는가?

인공지능 회사에 재직하면서 가장 많이 들은 질문은 "AI로 어디까지 할 수 있습니까?" 혹은 "AI로 이런 일을 할 수 있습니까?"이다. 첫번째 질문에 대한 답은 다음과 같다. "사람이 할 수 있는 일이라면 AI로도 할 수 있습니다."

지금까지 꽤 많은 사례를 들은 것 같겠지만, 이는 AI를 기반으로한 혁신 중 빙산의 일각일 뿐이다. 과거 수십 년간이 인공지능의 이론상 가능성을 보여 준 시간이었다면 최근 몇 년은 실제로 해 보며 가능한 일들을 찾아내는 과정이었다. '설마 이런 것까지 될까?' 생각했던 아이디어들이 성공했다. 그저 한 발만 더 내디디면 되는 것이었다. 알파고와 알파스타를 개발했던 딥마인드도 계속해서 새로운 것을 만들고 있다. 딥마인드는 알파폴드 2라는 단백질 구조분석 인공지능을 개발하고 있다. 이는 Google, 즉 딥마인드이기 때문에 가능했던 것만은 아니다. 인공지능이 진출하지 못한 업계에 먼저 다가가 인공지능으로 해 보겠다는 용기가 가장 중요한 것이다.

특정 작업을 하는 AI를 만들 수 있는지 여부를 알고자 하는 독자라면 다음과 같이 생각해 보면 된다. 우선 그 일을 인간이 한다면 어떨지 곰곰이 생각해 보라. 만약 의사결정을 하기 위해 자료들에서 특정 정보들을 추출하고 싶은 것이라면 인식 분야의 인공지능이 필요하다. 창의력을 발휘해서 뭔가를 만들고자 한다면 생성 분야가 필요한 것이며, 매 순간 특정 행동을 하는 등 의사결정을 하려 한다면 강화학습을 공부해 보면 된다. 대부분 문제는 이 범주 안에서 해결될 것이다. 단 여기서 '인간이 할 수 있는 일'을 명확히 해야 한다. '날 부자로 만들어 주는 인공지능'과 같은 형태보다 구체적이어야 한다. 한 예로 택배 회사를 운영하고 있다면 '외관만으로 택배 불량을 알아내는 인공지능'을 통해 운수 효율을 높여 부자가 될 생각을 해야 한다.

이를 이해했다면 이제는 인공지능 만드는 방법을 알아볼 차례다. 다음 장에서는 인공지능이 '어떻게' 만들어지는지 좀 더 깊이 살펴볼 것이다.

Chapter 03

인공지능을
만들고 적용하기

앞서 인공지능 대항해시대가 가져다준 인공지능의 혁신들을 살펴봤다. 하지만 현실의 대항해시대에는 낭만만 있지는 않다. 목적지에 다다르지 못한 수많은 탐험가가 있었으며, 먼 타지의 바다에서 불귀의 객이 된 사람들도 있었다. 하지만 이런 실패들은 인간의 진보를 위한 밑거름이 되었다. 실패를 타산지석 삼았기에 성공할 수 있었던 것이다.

이번 장에서는 지난 인공지능의 발전 시기 동안 쌓여 온 인공지능에 관련한 노하우들을 이야기해 볼 것이다.

인공지능을 만들 때
꼭 알아야 할 것들

　인공신경망을 학습시키는 데 필요한 이론적 기초는 이미 2012년에 갖춰져 있었다. 수십 년간 연구원들을 괴롭혔던 과적합 문제, 연산 능력 부족, 활성함수 등에 대한 해결법은 2012년 알렉스넷에 적용되어 있었다. 당시 선구자들이 찾아낸 각종 노하우는 지금 인공지능을 있게 한 핵심 요소이다. 하지만 이런 요소들만으로는 상업적인 인공지능이 완성되지 않는다. 최근 몇 년간 있었던 시행착오와 발견들역시 인공지능을 우리 삶에 가까이 가져오는 데 중요한 역할을 했다. 이론상 증명하는 것과 실제로 물건을 만드는 것은 매우 다른 일이다.

인공지능의 구성 요소

인공지능을 만드는 데 있어 두 가지 중요한 요소가 있다. 바로 데이터와 인공신경망이다. 데이터는 인공신경망을 학습시키고자 했을 때 필수적이다. '학습'을 하려면 무언가를 보고 배워야 하기 때문이다. 인공신경망의 학습이라는 것은 인공신경망에 데이터를 입력했을 때 결과값이 마음에 들지 않으면 동작을 약간 수정하는 방식이다. 하지만 이 수정 방향이 반드시 옳다는 보장은 없다. 옳은 방향은 한 방향뿐인데, 학습은 틀린 방향으로도 갈 수 있기 때문이다. 이를 막아 주는 것이 대량의 학습 데이터이다. 어릴 때 집 방 안에 놓여 있던 책이 시집 한 권뿐이던 사람과 다양한 분야의 책이 1,000권 놓여 있던 사람 중 누가 글을 잘 쓸 가능성이 높을까? 당연히 후자다. 후자의 경우 가지고 있던 책을 전부 읽지는 못하더라도 전자보다 많은 양의 책을 접할 기회가 있다. 반면 전자는 한 권만 반복적으로 읽은 탓에 모든 글을 시처럼 쓰고, 그것이 잘 쓴 글이라 생각할지도 모른다.

인공신경망을 학습시키기 위해서는 사진이나 음성에 이름표를 붙여 줘야 한다. 인공지능은 인간과는 달리 수십, 수백만 개의 데이터를 수억 번씩 보면서 학습하기 때문에 인간이 매번 추론 결과를 보고 피드백을 해 줄 수 없다. 이 과정을 자동화하기 위해 미리 데이터에 이름을 달아 놓는 것이다. 개와 고양이를 구분하는 인공신경망을 만들고 싶다고 한다면, 개와 고양이의 사진을 수백만 개 구한 뒤 각 사진에 '개', '고양이' 등 이름을 붙여 줘야 한다. 이런 작업을 '데이터 어노테이션Annotation'이라 부른다. 어노테이션 작업의 핵심은 데이터와 정답의 쌍을 만드는 것이다. 만약 음성을 문자로 만드는 인공신경망

STT을 학습해야 한다면 음성 파일과 정답 텍스트를 짝짓는 식이다.

데이터는 크게 두 종류로 나뉜다. 학습용 데이터셋이랑 검증용 데이터셋이다. 학습용 데이터셋은 고등학생이 공부할 때 쓰는 교과서와 문제집이며, 검증용 데이터셋은 중간, 기말시험 등 실전이다. 데이터를 두 개로 나누는 이유는 과적합 문제를 피하기 위해서이다. 만약 어린이에게 덧셈을 가르치는데 1+1=2, 2+2=4, 3+1=4 등의 문제를 주었다고 하자. 수학 시험을 잘 보면 상을 주는 상황에서 시험문제가 문제집과 똑같이 나왔다면, 어린이는 덧셈 방법을 깨우치기보다는 '1+1=2'라는 걸 마치 그림처럼 외워 버릴 수 있다. 우리 목적은 '+'라는 기호의 의미를 가르치는 것이지만 어린이는 기호와 숫자를 합쳐 그림처럼 외우는 것이다. 이렇게 덧셈을 익힌 어린이는 훗날 정말 중요한 시험은 망치게 될 것이다. 이를 방지하기 위해서 시험에는 한 번도 공부할 때 보지 못한 조합을 섞어 넣는 것이다.

그다음 요소는 인공신경망이다. 앞서 방 안에 책이 1,000권 있는 사람의 유리함에 대해 이야기했는데, 만약 책을 보고 공부하는 주체가 원숭이나 개라면 훌륭한 문학작품을 쓸 수 없을 것이다. 반면 던진 공을 물어오는 일이라면 사람보다 개가 훨씬 잘 해낼 것이다. 인공신경망은 여기서 사람, 원숭이, 개에 해당한다. 주어지는 데이터를 받아서 원하는 결과를 출력하는 일종의 컴퓨터 프로그램인 것이다. 인공지능이 일을 잘 해내기 위해서는 특정 작업에 적합한 인공신경망의 구조를 짜 줘야만 한다. [그림 3-1]의 예는 BiDAF라는 MRC(기계독해) 인공신경망의 구조이다.

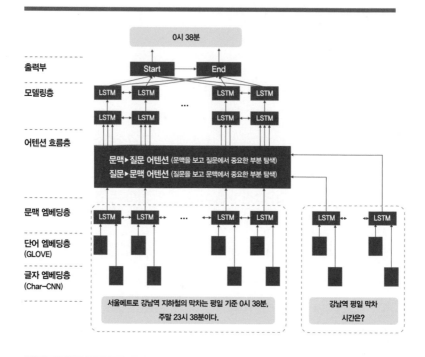

[그림 3-1] 초창기의 대표적인 MRC 신경망인 BiDAF

독자들이 이 구조를 이해할 필요는 없다. 중요한 것은 언어 처리를 위한 신경망이기 때문에 단어, 글자, 문맥 등을 고려하는 층과 의사결정을 하는 층을 가지고 있다는 것이다. 이렇게 층을 나누고 각 층의 인공 뉴런들에게 역할을 부여함으로써 개발 효율성을 높이고 신경망의 성능을 개선하는 것이다.

이 정보들을 바탕으로 이제부터는 데이터와 인공신경망을 구성할 때 고려할 점들에 대해 알아보자.

AI 혁명의 미래

학습 데이터 만들기

인공신경망 학습에는 데이터가 필수적이다. 하지만 데이터가 많기만 해서는 훌륭한 인공신경망을 구성할 수 없다. 인공신경망은 사람이 공부할 때와 동일한 문제를 겪는다. 우리가 학생들을 훌륭한 사람으로 교육시키기 위해 학습 자료를 계속 갱신하고 학습 방법론을 개발하듯 인공신경망에도 비슷한 일을 해 줘야 한다. 이를 잘 해내기 위해서는 현장이 겪었던 수많은 사례를 알아봐야 한다.

가장 널리 알려진 문제는 학습 데이터의 편향성이다. 아마 몇몇 독자는 '얼굴 인식 인공지능이 흑인은 잘 구분하지 못하더라', '인공지능이 인종을 차별한다' 같은 뉴스를 봤을 것이다. 하지만 얼굴 인식 인공지능은 가치판단을 할 수 없다. 신경망 학습에 사용된 여러 사진에서 흑인 비율이 낮았기 때문에 문제가 생겼을 것이다. 백인과 흑인은 피부색 차이가 나기 때문에 백인을 구분할 때 사용할 수 있는 얼굴의 특성이 다를 가능성이 높다. 예를 들면 백인은 체모의 색이 피부색과 도드라지게 구분되지만, 흑인은 상대적으로 피부색과 체모의 색 차이가 적을 수 있다. 만약 데이터에 백인이 많이 포함되어 있다면 인공신경망이 체모 색에 민감하게 반응하도록 학습되었을 수 있다. 인종을 차별한 것이 아니라, 구분에 사용 가능한 요소가 하나 적으므로 흑인은 잘 구분하지 못하게 학습된 것뿐이다.

데이터 편향의 결과는 매우 다양하게 나타날 수 있다. 예를 들어

옷 사진을 보고 옷의 종류—니트, 티셔츠, 청바지 등—를 구분해 주는 인공지능을 만들기 위해 데이터를 수집한다고 해 보자. 만약 당신이 모은 데이터에 니트 사진만 엄청나게 많다면 인공지능은 청 재킷이나 가죽점퍼는 제대로 인식하지 못할 가능성이 높다. 아무리 신경망의 구조를 바꿔도 이는 피할 수 없다. 이 문제를 해결하기 위해서는 미리 진입하고자 하는 시장에 존재하는 데이터의 종류들을 파악해 둬야 한다. 만약 옷을 구분하는 인공지능을 만들고 싶다면 미리 알려진 옷의 종류들을 확인한 뒤 종류별로 충분한 데이터를 확보하도록 업무를 지시해야 한다. 옷 사진 1000만 개를 모았으나 청바지 사진이 단 하나도 없다면, 청바지가 포함된 옷 10만 개 데이터만 못할 수 있다.

한편 하고자 하는 일의 특성상 데이터 편향을 피할 수 없는 경우도 존재한다. 중고 명품을 매입해 재판매하는 사업을 하는데, 가끔 모조품이 들어온다고 하자. 모조품을 구분하는 인공지능을 만들어 보고 싶을 것이다. 그런데 만약 100건의 물건 중 1건만 모조품이라면 데이터를 아무리 많이 모아도 모조품 데이터의 비중은 1% 수준일 것이다. 학습 데이터 내에 이 비율을 유지한 채 신경망을 학습하면 어떻게 될까? 인공신경망 입장에서는 모든 데이터를 정상이라고 판단하기만 해도 99퍼센트 확률로 정답을 맞추게 되니 학습이 제대로 되지 않을 것이다. 비즈니스 자체가 성립하지 않는 것이다. 이런 경우는 다음과 같이 시도해 볼 수 있다. 만약 전체 데이터도 모조품 데이터도 개수 자체가 많다면, 전체 학습 데이터 중 정상 제품 데이터를 무작위로 덜어 내 둘의 비율을 50:50 정도로 맞춰 볼 수 있다. 이를 언더샘플링Undersampling이라 한다. 반대로 전체 데이터가 많지 않고 모조품 데이터의 비중도 상대적으로 적다면 반대로 양이 부족한 모조품 데이터를 복사해 정상 제품 데이터와 숫자를 비슷하게 맞추는 오버샘플링Oversampling 방식을 시도해 볼 수 있다. 하지만 두 번째 방법의 경우 절대적인 모조품 데이터 자체가 부족하기 때문에 인공신경망의 정확도를 담보하기 쉽지 않을 것이다. 문제집이 부족해서 동일한 문제집을 복사해 두 번 풀게 한 셈이다. 가장 좋은 것은 기획 단계에서 이런 문제들을 미리 파악해 데이터를 넉넉히 준비하는 것이다.

데이터 가공 측면에서 주의해야 할 또 다른 것은 휴먼 에러Human Error이다. 앞서 살펴봤듯 데이터는 사용하기 전에 어노테이션 작업 등을 사람이 해 줘야 한다. 개와 고양이를 구분하는 인공신경망을 만들기 위해 개와 고양이 사진을 잔뜩 모은 뒤 각 사진에 개, 고양이라는 이름표를 붙인다고 해 보자. 수만 장의 사진을 처리하다 보면 작업자가 실수를 하거나 헷갈리게 생긴 동물이 나오는 등 다양한 일이 생길 수 있다. 이 경우 인공신경망이 잘못 학습할 가능성이 생기는 것이다. 물론 수천 개의 데이터 중 한두 개 정도 오류가 섞여 있다고 해서 인공신경망이 학습하는 데 심각한 지장이 생기지는 않는다. 우리가 '코끼리 사진 모음'을 보는데 그 안에 우연히 하마 사진이 섞여 있다고 해서 큰 신경을 쓰지 않는 것과 비슷하다. 인공신경망도 지나치게 이질적인 데이터는 무시하는 경향이 있다. 학습이 약간 틀어질 가능성이 있긴 하지만 전체 신경망 정확도에 영향을 줄 정도는 아니다. 그러나 이런 오류 데이터가 일정 비율 이상으로 높아지면 문제가 생긴다. 극단적으로 개 사진 중 절반을 고양이라고 잘못 적었다면 인공신경망은 개와 고양이가 가지는 개별 특성을 제대로 학습하지 못할 것이다.

이런 실수를 막기 위해서는 데이터 처리 도구에도 투자해야 한다. 자잘한 실수 방지 수단들이 도움이 된다. 예를 들어 앞서와 같은 인공신경망용 데이터를 준비하고 있다면 작업자가 '개', '고양이'라는 단어를 타이핑하게 하기보다는 '개', '고양이' 버튼을 만들어 주는 것이 더 도움이 될 것이다.

학습이 시작된 이후에도 인공지능의 오작동을 잘 관찰하면 데이터가 가진 각종 문제를 알아낼 수 있다. 예를 들어, 개와 고양이를 구분하는 인공지능을 만들었는데 때때로 개를 고양이로 잘못 판독하는 경우가 나온다고 하자. 이 경우 판독에 실패한 테스트 데이터들을 모아서 경향을 관찰할 수 있다. 확인해 보니 잘못 판독된 개들의 귀 색이 까맣다면 학습 데이터에 유달리 귀가 까만 고양이가 많이 포함되어 있을 가능성이 높다. 인공신경망이 고양이 이미지를 익히다가 의도치 않게 '검은 귀'를 고양이의 특성으로 학습한 것이다. 이런 상황이 생겼다면 귀 색이 다른 다양한 고양이 이미지를 구하거나 다음 장에서 설명할 데이터 증강법을 사용하여 대응할 수 있다.

이런 문제들을 전부 해결하더라도 여전히 문제가 발생할 수 있다. 검증용 데이터의 착시 현상이다. 일반적으로 인공신경망 개발을 위해 1만 개의 데이터셋을 준비했다고 하면 이 중에서 8,000개 정도만 학습에 사용하고 나머지 2,000개 정도는 학습 결과를 검증하는 데 사용한다. 상술했듯 문제집용 문제와 시험용 문제를 나눠야 하기 때문이다. 그런데 때때로 검증용 데이터 2,000개가 인공지능이 실전에서 보게 될 현상과 완전히 다른 데이터로 이뤄질 수가 있다. '대학에서 배운 것은 회사에서 다 소용없다'에 해당하는 경우이다. 예를 들어, 각종 물건들 사이에서 유물을 구분해 내는 인공지능을 개발했다고 해 보자. 유물 데이터를 1만 개 구했는데, 대부분의 데이터가 신라 시대의 유물일 수 있다. 유물들에 공통점이 많으므로 연구소 내에서 확인한다면 높은 정확도를 보일 것이다.

그런데 이 인공신경망이 사용될 곳이 남미라면 문제가 생긴다. 남미의 유물은 신라의 유물과는 완전히 다르게 생겼을 것이다. 따라서 이 인공신경망은 제대로 동작하지 않을 것이다. 이러한 문제를 피하기 위해서는 인공신경망의 사용처를 사전에 정확히 파악하고 이에 맞춰 가이드라인을 작성한 뒤 개발해야 한다. 신라 시대 유물을 구분할 수 있는 사람이 남미의 유물도 구분할 수 있을까? 아마도 힘들 것이다. 이 사실을 알았다면 데이터 수집 계획을 목표에 맞춰 바꿔 줘야 한다.

데이터 수집 과정의 디테일은 매우 중요하다. 예를 들어 글자를 음성으로 바꾸는 인공지능TTS을 만들기 위해 음성 데이터를 모은다고 하자. TTS의 사용처가 2022란 숫자를 "이천이십이"와 "이공이이" 중 어떻게 읽기를 바라는지 여부까지 철저히 파악해야 한다. 그리고 이를 바탕으로 음성 데이터를 녹음해야 원하는 목적을 이룰 수 있다.

이번 꼭지에서는 데이터를 만드는 것에 대해 알아봤다. 이 꼭지를 공통적으로 관통하는 것이 있다면 '인공지능의 목적'이다. 만들고자 하는 인공지능의 목적을 정확하고 구체적인 형태로 파악해야만, 이에 맞는 데이터를 정확히 구축할 수 있다. 이 부분이 잘못되면 최악의 경우 데이터 수집부터 다시 해야 하는 대참사가 일어날 수도 있기 때문이다. 휴먼 에러와 같은 문제는 발견했다면 빠르게 고칠 수 있다.

데이터 증강

분명 고품질의 데이터를 만들었으나 생각보다 신경망의 학습이 잘되지 않을 수 있다. 원인은 여러 가지일 텐데, 한 번 시도해 볼 수 있는 방법이 있다. 바로 데이터 증강Data Augmentation이다. 데이터 증강은 원본 데이터를 약간 조작함으로써 인공지능이 다양한 상황에 대처하도록 하는 테크닉이다. 원본 데이터에 노이즈를 가하거나 색상을 변경하는 등 원본 데이터를 의도적으로 왜곡하는 방식과 GAN과 같은 생성 모델을 통해 데이터 자체를 생성하는 방식이 그 예이다.

어떤 회사가 개를 구분해 내는 휴대용 카메라를 기획했다고 하자. 그렇다면 개의 사진을 잔뜩 구해서 인공신경망을 학습시켜야 할 것이다. 그런데 문제는 해당 카메라를 실제 사용할 때 정확히 고정시킬 수 없다는 데 있다. 카메라에 약간의 기울기가 생기거나 주변 조명이 학습 데이터와 차이가 날 수 있다. 하지만 인터넷으로 수집한 개 사진은 대부분 바르게 찍혀 있을 것이므로, 이 데이터로 학습된 신경망은 카메라에서 제대로 작동하지 않을 것이다. 따라서 학습 과정에서 미리 이와 비슷한 상황을 학습시켜 줘야 한다. 예를 들면 [그림 3-2]와 같이 아기 사진에 다양한 조작을 해 주고, 학습 과정에서 4개의 사진 모두를 사용하는 것이다.

데이터 증강은 이미지 처리뿐만 아니라 다른 분야에서도 많이 사용된다. 학습에 사용될 음성 데이터에 각종 자동차 소리나 사람들이 웅성거리는 소리를 섞기도 하며, "안녕하세요 정인성 님"과 같은 인사말에서 사람 이름만 최홍섭 등으로 수없이 바꿔 넣어 보기도 한다. 이를 통해 신경망에게 인사말에 해당하는 '안녕하세요'는 변화가 없

[그림 3-2] 데이터 증강의 대표적인 사례

는 부분이고, 이름에 해당하는 '정인성' 부분은 바뀔 수 있는 부분임을 학습시킬 수 있다. 이를 통해 어떤 사람의 이름이 들어오더라도 자연스럽게 인사말을 생성할 수 있게 되는 것이다.

최근에는 데이터 증강에 앞서 살펴본 생성 모델인 GAN**Generative Adversarial Network**을 사용하기도 한다. 생성 모델은 단순히 이미지를 돌리거나 색상을 바꾸는 것 이상으로 다양한 경우들을 만들어 내기 때문에 최근에 주목받고 있다.

데이터 증강은 인공신경망의 품질과 성능을 높이는 매우 중요한 테크닉이다. 그렇다면 여기서 의문이 생긴다. 데이터 증강의 본질은 무엇일까? 개 사진을 편집해서 4개로 늘리면, 1만 개였던 데이터가 4만 개로 늘기 때문에 품질이 올라가는 것일까? 정답은 '아니다'이다. 고양이 한 마리 사진을 4만 종류의 다른 방식으로 증강한다고 해서 인공신경망이 실제 세상의 다양한 고양이를 구분해 낼 수는 없다. 고양이 사진 데이터 안에 샴 고양이 사진이 없는데, 데이터 증강을 한다고 해서 샴 고양이를 정확히 특정할 수는 없다. 데이터 증강은 데이터 창조가 아니다. 어린이에게 수학 덧셈 문제집을 사 주면 어린이는 덧셈밖에 할 줄 모르게 된다. 데이터 증강은 덧셈 문제에서 숫자를 바꿔서 문제를 늘리는 수준에 불과하다. 뺄셈을 익혀야 한다면 뺄셈이 들어가 있는 문제집을 사 줘야 한다. 데이터 증강이 하는 일은 덧셈 문제집을 혼자 공부하는 어린이가 덧셈 기호라는 본질에 집중하게 하기 위해 계속 덧셈하는 숫자들을 바꿔 주는 테크닉인 것이다.

이런 방식을 통해 인공신경망은 노이즈를 무시하고 본질에 집중

한다. 더욱 강인Robust해지는 것이다. 앞서 봤던 개를 구분하는 카메라의 인공신경망은 만약 데이터 증강을 쓰지 않는다면 매우 밝은 날에 카메라를 똑바로 들고 있을 때만 개를 구분할 수 있게 된다. 개가 서 있는 방향이나 주변의 밝기 등 본질이 아닌 것까지 신경 쓰기 때문에 개를 구분하지 못하는 것이다. 개를 좌우 반전하거나 색상을 바꿔 주거나 사진을 약간 돌리는 등의 방법을 통해 개가 서 있는 방향 등은 본질이 아님을 학습하는 것이다.

안면 인식 인공신경망을 학습하는데 COVID-19가 발생했다고 하자. 사람들이 마스크를 쓰고 다니면 기존 알고리즘이 잘 작동하지 않을 수 있다. 이때 데이터 증강을 통해 문제를 해결할 수 있다. 기존 데이터에서 사람의 입 부분을 괴상한 모습으로 바꾸거나 다양한 방식으로 가리면 인공신경망은 학습 과정에서 사람 입 부분을 무시하도록 학습된다. 이를 통해 데이터를 더욱 효율적으로 쓰는 효과도 생긴다.

한편 우리는 앞서 생성적 적대 신경망GAN과 같은 생성 모델로도 데이터 증강을 할 수 있다고 했다. 혹자는 이런 방식을 쓰면 데이터를 무한히 생성할 수 있지 않느냐고 반문할 수 있다. 하지만 세상에 공짜는 없다. 이는 이미 GAN이 충분히 큰 데이터로 학습을 했기 때문에 가능한 것이다. 결국 처음부터 대량의 데이터로 신경망을 학습시키건, GAN으로 생성한 증강 데이터로 신경망을 학습시키건 어디엔가는 데이터가 대량으로 들어간 것이다.

데이터 증강 기법은 가급적이면 항상 사용해야 한다. 데이터 과학자나 인공지능 학습 전문가들이 데이터 증강을 잘 다룬다면 생각보다 쉽게 문제를 해결할 수도 있다. 저자와 함께 일했던 한 연구원의 실제 사례를 소개한다. 2, 3년 전에 널리 사용되던 음성 생성 인공신경망에는 두 가지 문제가 있었다. 문장이 너무 길거나 짧을 때와 '나의 살던 고향은'같이 미완결 문장을 음성으로 생성하려고 할 때 품질이 떨어지는 문제였다. 보통 녹음할 때 평서문이든 의문문이든 완결된 문장을 녹음하기 때문에 인공신경망은 미완결 문장 읽는 법을 제대로 배우지 못한 것이다. 하지만 이 문제를 해결하기 위해 성우를 혹사시키며 짧은 문장부터 긴 문장, 중간에 읽다 만 문장까지 무한정 녹음할 수는 없었다. 성우는 인간이기 때문에 시간제한이 있다. 성우를 혹사시키면 데이터 자체의 품질이 떨어진다.

해당 연구원은 이 문제를 간단하게 해결했다. 학습 데이터를 온전히 사용하기도 하고, 온전한 문장을 마구 작은 단위로 쪼개기도 했다. 반대로 온전히 읽은 문장 여러 개를 합친 긴 음성 파일도 사용했다. 물론 이렇게 중간에 무작위로 문장을 자르거나 이어 붙이면 문장 자체는 비문이 된다. 그러나 이 연구원은 음성 생성 인공신경망의 동작은 문장의 내용, 문맥과는 상관이 없음을 정확하게 이해했기 때문에 이런 발상을 할 수 있었다. 이런 방식으로 뉴스 생성 인공신경망용 데이터를 증강했다면 분명 문제가 생겼을 것이다.

데이터 증강은 학습 데이터 안에서 우리가 신경망에게 집중해야 할 부분을 알려 주는 매우 효과적인 도구이다. 이를 통해 인공신경망이 특정 부분에 집중하도록 유도할 수 있다. 인공지능을 산업 현장에 적용할 때 이렇게 데이터 증강으로 해결할 수 있는 실용적인 문제가 많다. 이런 문제들은 현장의 테크닉에 가까워 학계나 논문에서는 잘 다루지 않는다. 이로 인해 데이터 증강은 현장 연구원의 발상이나 경험에 크게 의존하기도 하며, 이러한 노하우를 가진 직원의 존재는 회사의 중요한 경쟁력이 된다.

범용성과 최적화의 사이, 인공신경망 설계

많은 사람이 인공지능은 블랙박스이기 때문에 내부가 어떻게 작동하는지 알 수 없다고 이야기하곤 한다. 인공신경망은 그 내부에 수천만 개~수천억 개의 인공 뉴런을 가지고 있다. 입력된 사진이나 음성은 개개의 숫자로 쪼개진 뒤 각자 인공 뉴런 안에서 다른 숫자로 변화한다. 이로 인해 사람들은 신경망 자체의 분석보다는 데이터에 더 집중하는 경향을 보이기도 한다. 신경망 내 숫자의 개수가 많고, 연산의 수도 많아 각 인공 뉴런이 의미하는 바를 알기 힘들기 때문이다.

그렇다고 인공신경망 구조 자체의 중요성이 간과되어서는 안 된다. 인공신경망을 깊이 이해하고 다룰 줄 알면 동일 데이터에서 90%였던 정확도를 98%로 만들거나 정확도를 유지한 채 수행 속도를 크게 개선할 수 있다. 이를 위해 오늘도 각국 최고의 인재들이 불철주야 경쟁적으로 연구 개발에 매달리는 것이다. 그렇기에 성능 좋은 인공지능을 만들기 위해서는 인공신경망의 기본적인 구조와 최근의 흐름을 이해할 필요가 있다.

과거에는 인공지능에게 시키고자 하는 작업에 맞는 단위 인공신경망 구조를 사용했다. 사물인식에는 동물의 시각 피질을 흉내 낸 합성곱신경망CNN, 자연어처리(번역 등)에는 내부에 기억Memory이라는 개념을 가진 순환신경망RNN을 사용하는 방식이었다. 예를 들어, 'Give him a present(그에게 선물을 전달해라)'를 번역해야 한다고 하면, present란 단어를 '선물'로 번역하기 위해서는 '주다'라는 뜻의 give가 같은 문장에 있음을 알아야 한다. 과학자들은 RNN을 설계할 때 [그림 3-3]과 같이 과거에 지나간 단어들을 어렴풋이 기억할 공간을 만들어 두었다. Present를 번역해야 할 순간이 오면, 그 전에 give나 him이 있었음을 알고 있으니 제대로 번역이 되는 것이다. CNN에는

[그림 3-3] RNN이 동작하는 방법

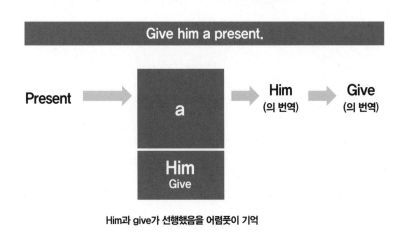

Give him a present.

Present ➡ a / Him / Give ➡ Him (의 번역) ➡ Give (의 번역)

Him과 give가 선행했음을 어렴풋이 기억

저런 기억 공간이 없으므로 번역 작업을 시킬 경우 효율이 떨어지는 것이다.

하지만 위와 같은 흐름은 Google이 2017년 「필요한 것은 어텐션 뿐Attention is All You Need」이라는 논문에 트랜스포머Transformer라는 인공신경망이 발표되면서 바뀌게 된다.

본래 트랜스포머는 RNN과 마찬가지로 자연어처리를 위해 만들어졌다. 하지만 그 구조는 크게 변화했다. 일단 RNN과는 달리 트랜스포머 기반 신경망에는 문장이 단어 단위로 순차적으로 들어가지 않고 전체가 통째로 들어간다. 그리고 어텐션Attention이라고 불리는, 단어 간 연관성을 지시하는 그 자체로 학습 가능한 구조를 추가했다.

트랜스포머는 [그림 3-4]와 같이 문장을 이해한다. Give him a present라는 문장의 각 단어를 번역할 때 언제나 전체 문장이 보이며, 어텐션은 Give를 번역할 때 present에 집중해야 함을 알려 준다. 나머지 세 단어를 번역할 때도 마찬가지다.

과학자들은 이 과정에서 어텐션이라는 구조가 이미지 인식 등 다양한 분야에도 적용될 수 있음을 깨달았다. 사람들이 인공지능에 요구하는 많은 기능은 사실 입력값 내에서 연관성을 찾는 것이 중요하기 때문이다. 예를 들어, 입력된 사진이 개인지 고양이인지를 구분하는 인공신경망을 만들었다고 하자. 개와 고양이를 구분하는 특징 중 하나가 눈과 코의 거리일 수 있다. 어텐션은 이런 경우에 빛을 발한다. 어텐션이 코와 관련한 분석을 하는 시점에 눈 부분도 연관이 있음을 알려 주도록 학습될 수 있기 때문이다. 어텐션이 이처럼 입력값

[그림 3-4] 어텐션이 작동하는 방법. 어텐션은 present를 번역할 때 뒤에 나오는 동사(give)에 주목하도록 학습된다

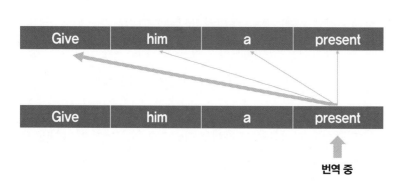

내에서 연관성을 잘 찾아내기 때문에 트랜스포머가 여러 가지 데이터 유형에 범용적으로 대응할 수 있는 것이다.

트랜스포머는 기존에 다른 분야라고 생각했던 것들이 실제로는 비슷한 특징이 있음을 보여 주었다. 이에 신경망 구조에 대해 연구하던 사람들은 충격을 받았으며, 일부는 트랜스포머를 마치 만병통치약처럼 생각하기도 했다. 엔드 투 엔드 인공지능은 인간의 의도적 데이터 전처리를 줄이는 방향이다. 트랜스포머는 이런 흐름을 인공신경망 구조 자체에까지 확산시킨 것이다. 트랜스포머로 모든 것이 해결된다면 인공지능 연구원들도 줄일 수 있지 않겠는가? 정말로 트랜스포머는 만능일까?

트랜스포머는 성능이 우월하고 범용성이 높은 대신 학습을 위해 대체로 더 많은 데이터를 필요로 한다. 기존 신경망은 연구원이 신경망에게 '선후의 단어를 봐야 한다'는 정보를 암시적으로 주는 것과도 같다. LSTM과 같은 단위 신경망은 이미 '기억'에 해당하는 값을 가지고 있기 때문이다. 하지만 트랜스포머의 어텐션은 '기억'이란 개념이 필요하단 것조차 학습해야 한다. 학습할 것이 더 많으므로 데이터가 더 많이 필요한 것이다. 같은 이유로 트랜스포머 기반으로 인공신경망을 만들면 RNN이나 CNN 기반 인공신경망보다 복잡도가 높아진다. 연산 자원이 더 많이 필요하단 의미이다. CNN 기반의 인공신경망의 동시 사용 인원이 10명이라면, 트랜스포머 기반의 인공신경망은 동시에 2명 사용도 벅찰 수 있다. 개발 인력과 관리 인력 숫자를 줄였으나 대신 인프라 운용 비용이 증가해 버리는 것이다.

트랜스포머와 같이 정확도가 좋고 범용성이 높은 인공신경망은 대세가 될 수밖에 없다. 그러나 인공신경망은 정확도만으로 성립하지 않는다. 비즈니스가 성립할 수준의 원가를 확보하는 것 역시 매우 중요하다.

산업 현장에서 인공지능을 개발할 때는 엔드 투 엔드 패러다임을 지키는 범위 내에서 범용성과 최적화를 저울질하고 절충해야 하는 일이 종종 발생할 것이다. 이 과정에서 올바른 의사결정을 내리고자 한다면 범용성을 일정 부분 포기하고 최적화를 할 때 필요한 비용과 최적화를 통한 이익을 정확하게 측정할 수 있어야 한다. 그리고 최소의 비용으로 최대의 효과를 가져올 수 있는 최적화 방법을 알아내야 한다. 이를 위해서는 인공신경망의 구조를 보다 깊이, 세부적으로 이해하고 있어야 한다. 여전히 인공신경망의 구조를 이해하고 설계할 줄 아는 전문가가 가치 있는 이유다.

좋은 AI의 두 가지 조건

지금까지 최근 몇 년간 있었던 인공지능 산업계의 경험을 살펴봤다. 그 과정에서 좋은 인공지능 학습용 데이터와 데이터 증강에 대해 설명했다. 그리고 인공신경망 구조를 설계할 때 고려해야 하는 범용성과 최적화의 관점에 대해 짚어 봤다. 이 모든 논의는 결국 좋은 AI를 만들기 위한 방법을 설명하기 위함이었다. 상당히 많은 내용을 다뤘기 때문에 정리하는 차원에서 '좋은 AI'의 조건에 대해 이야기해 보려 한다.

좋은 AI의 첫 번째 조건은 강인함Robustness이다. 외풍에 잘 흔들리지 않는다는 의미이다. 즉 입력값에 노이즈나 약간의 변형이 있어도 결과가 안정적이어야 한다. 바꿔 말하면 인공신경망이 입력값을 볼 때 본질과 본질이 아닌 부분을 구분하는 능력이다. 개인지 아닌지 구분하는 인공신경망을 만들었다면 입력된 사진에 약간의 노이즈가 있건 비 오는 날에 찍었건 개를 구분해 내야 한다는 의미이다.

좋은 AI의 두 번째 조건은 높은 데이터 효율성Data Efficient이다. 인공지능, 특히 딥러닝 기반의 인공신경망을 학습하고자 할 때 아주 많은 양의 데이터가 필요하다는 인식이 있다. 인공지능 산업계의 대표적인 석학 중 하나인 앤드류 응 교수는 2015년 GTC_{GPU Technology Conference}에서 인공지능을 로켓에 비유했다. GPU 등의 강력한 하드웨어가 로켓의 엔진이라면 방대한 양의 데이터는 로켓의 연료와 같다는 것이다. 멀리 나아가기 위해서는 어마어마한 양의 연료가 필요하다는 것이다.

이를 조금 다른 관점에서 보자. 좋은 로켓이란 무엇일까? 연료 탱크가 큰 로켓이 반드시 좋다고는 할 수 없을 것이다. 경우에 따라 로켓에 사용할 연료 자체를 다 채우지 못할 수도 있기 때문이다. 따라서 로켓에 더 효율 좋은 연료를 사용한다든지 엔진의 효율을 높인다든지 하는 노력이 병행되어야 한다. 주어진 데이터 아래서 더 높은 정확도를 가지게 만드는 것 역시 매우 중요한 일이다. 이를 달성하기 위해 때로는 범용성이 적은 인공신경망을 사용해 볼 수도 있으며, 데이터 증강과 같은 요법을 쓸 수도 있다. 본문에는 언급하지 않았으나 전이 학습 역시 데이터 효율을 높이는 방법 중 하나이다.

좋은 인공지능을 만든다는 것은 이 두 가지 조건을 만족한다는 의미이다. 인공지능을 만들고자 한다면 학습 데이터 생성, 데이터 증강, 인공신경망 설계 등 다양한 수단을 사용해 조건을 만족시켜야 한다. 물론 인공지능 분야는 지금도 빠르게 변화하고 있으므로 새로운 기술과 트랜드를 따라가는 것 역시 잊어선 안 된다.

여기까지 준비를 마쳤다면 이번에는 조금 더 큰 단위의 일을 볼 것이다. 어떻게 하면 내가 하는 일을 AI를 통해 개선할 수 있는지를 알아볼 것이다.

기업의 성공적인 AI 트랜스포메이션을 위한 가이드

최근 몇 년간 인공지능 분야에서 기업들이 참여해 이룬 성과는 어마어마하다. 기업들은 2000년대 전후로 있었던 인터넷 혁명과 2010년대 전후의 모바일 혁명을 이미 경험했다. 인공지능 기술 역시 그에 준하는 혁명이라고 생각하고 투자를 감행한 것이다.

최근에 인공지능 프로젝트를 통해 체질 개선—AI 트랜스포메이션—을 시도해 보지 않은 유명 기업은 거의 없을 것이다. 하지만 상당수의 인공지능 프로젝트는 정식 서비스까지 도달하지 못하고 프로토타입 단계에 머물고 만다. 가트너에 따르면 인공지능 프로젝트들의 상용화율은 절반 정도밖에 되지 않는다. 인공지능 기술의 성숙과 인공지능의 상용화 사이에는 매우 큰 갭이 존재한다는 의미이다. 인공지능 프로젝트를 현실 세계에 적용하는 것 역시 매우 중요하다.

크게 봤을 때 인공지능 도입의 프로세스는 일반적인 제품 개발 프로세스와 다르지 않다. 일단 인공지능이 필요한 곳을 파악해 어떤 인공지능을 도입할지를 정한다. 도입할 인공지능이 정해지면 데이터를 구하고 인공신경망을 설계한 다음 배포하는 것이다. 하지만 이 과정에서 인공지능 기술만의 특이성을 고려하지 못할 경우 인공지능 프로젝트는 잘되지 않을 수 있다. 이번 장에서는 선구자들의 경험들을 바탕으로 하여 AI 트랜스포메이션에서 필요한 몇 가지 요소를 골라낼 것이다.

AI 트랜스포메이션 프로세스와 단계별 체크 리스트

AI 트랜스포메이션 과정에는 공통적으로 필요한 업무들이 있다. 업무의 성격을 기준으로 [그림 3-5]와 같이 크게 4단계로 구분할 수 있다. 서비스의 목적에 따라 도입할 인공지능을 명확하게 정의하는 단계, 기획에 따라 인공지능 학습에 필요한 데이터를 수집하는 단계, 인공신경망을 설계하고 학습하는 단계, 학습이 끝난 인공신경망을 배포하는 단계 등이다. 각 단계 중 어느 하나라도 문제가 생긴다면 AI 트랜스포메이션의 발목을 잡을 수 있기 때문에, 단계별로 필요한 절차를 체크 리스트화해 관리하는 것이 좋다.

첫 번째 단계는 인공지능 서비스를 기획하는 것이다. 기업이 인공지능을 도입하려는 이유는 인공지능 또는 인공지능을 접목한 서비스가 가치를 창출하기 때문이다. 인공지능 덕분에 기존에 불가능했던

[그림 3-5] AI 트랜스포메이션을 위한 단계별 체크 리스트

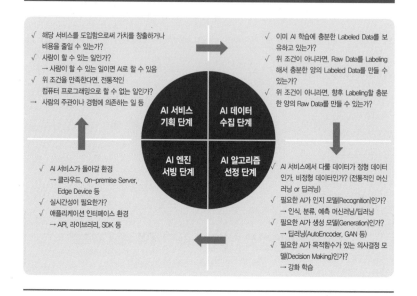

√ 해당 서비스를 도입함으로써 가치를 창출하거나
　비용을 줄일 수 있는가?
√ 사람이 할 수 있는 일인가?
　→ 사람이 할 수 있는 일이면 AI로 할 수 있음
√ 위 조건을 만족한다면, 전통적인
　컴퓨터 프로그래밍으로 할 수 없는 일인가?
→ 사람의 주관이나 경험에 의존하는 일 등

√ 이미 AI 학습에 충분한 Labeled Data를 보
　유하고 있는가?
√ 위 조건이 아니라면, Raw Data를 Labeling
　해서 충분한 양의 Labeled Data를 만들 수
　있는가?
√ 위 조건이 아니라면, 향후 Labeling할 충분
　한 양의 Raw Data를 만들 수 있는가?

**AI 서비스
기획 단계**
**AI 데이터
수집 단계**
**AI 엔진
서빙 단계**
**AI 알고리즘
선정 단계**

√ AI 서비스가 돌아갈 환경
　→ 클라우드, On-premise Server,
　　Edge Device 등
√ 실시간성이 필요한가?
√ 애플리케이션 인터페이스 환경
　→ API, 라이브러리, SDK 등

√ AI 서비스에서 다룰 데이터가 정형 데이터
　인가, 비정형 데이터인가? (전통적인 머신
　러닝 or 딥러닝)
√ 필요한 AI가 인지 모델(Recognition)인가?
　→ 인식, 분류, 예측 머신러닝/딥러닝
√ 필요한 AI가 생성 모델(Generation)인가?
　→ 딥러닝(AutoEncoder, GAN 등)
√ 필요한 AI가 목적함수가 있는 의사결정 모
　델(Decision Making)인가?
　→ 강화 학습

새로운 서비스를 제공해 매출을 증대시킬 수도 있고, 사람이 하던 일을 인공지능으로 대체함으로써 원가를 줄일 수도 있다.

가장 먼저 할 일은 인공지능이 창출할 것으로 예상되는 가치를 측정하는 것이다. 너무나 당연한 이야기임에도 의외로 많은 인공지능 프로젝트가 가치 창출에 대한 진지한 고민 없이 시작되었다가 자리 잡지 못한 채 흐지부지된다. 특히 '인공지능을 도입하는 것' 자체가 목적이 될 경우 프로젝트가 방향을 잃고 헤맬 수 있다. 무리하게 인공지능 자체를 도입하려 할 경우 되레 인공지능이 업무 효율성을 낮추고 구성원들이 인공지능을 불신하기도 한다.

그다음 할 일은 해당 업무가 인공지능을 통해 해결 가능한지, 가능

하다면 어떤 정보들을 입력받아야 하는지를 확인하는 것이다. 이를 파악하는 가장 좋은 방법은 사람이 할 수 있는지를 상상해 보는 것이다. '기판에서 용접 불량인 저항을 찾아내라'와 같이 명확히 정의되는 업무는 인공지능도 해낼 수 있다.

예전에 이사 중개플랫폼을 운영하는 한 스타트업 대표가 인공지능 도입을 위해 찾아와 컨설팅을 해 준 적이 있다. 이 회사는 고객의 집 안 사진을 기반으로 이사 견적을 내 주는 서비스를 하고 있었는데, 견적 작업을 인공지능으로 대체하고 싶어 했다. 이 회사의 내부 엔지니어들은 사물인식 기술을 통해 제품과 가구들을 인식하여, 이를 토대로 이삿짐의 부피와 용량 등을 계산해서 견적을 낼 계획을 가지고 있었다. 해당 작업은 인공지능으로 해낼 수 있는 일이었다. 문제는 이들이 생각한 인공지능 기반의 견적 시스템의 동작 방법이 실제 이삿짐센터 사람들이 견적 내는 방식과 매우 다르다는 데 있었다. 이삿짐센터 직원들은 사진을 보고 가전이나 가구의 개수, 가구별 용량 등을 일일이 확인한 뒤 계산기처럼 견적을 내지 않았다. 이들은 사진을 보고 과거의 경험을 통해 대략적으로 견적을 산출했다. 부피가 같더라도 깨짐에 민감한 물건은 더 비용이 많이 들며, 특정 제품들은 유달리 트럭에 싣기 힘들 수도 있다. 개별 이삿짐의 크기와 부피는 중요한 자료가 아닌 것이다. 어려운 순서를 거칠 필요 없이 고객의 집 내부 사진, 내부 전문가가 산출한 견적—차량 대수, 사람 수 등—을 정답으로 짝을 지어 인공신경망을 학습시키면 되는 것이었다.

앞선 단계에서 인공지능 서비스를 적절하게 기획했다면 이제 학습용 데이터를 구축해야 한다. 기획에서 인공지능 시스템의 입력값과 출력값이 명확해지면 인공지능 학습용 데이터를 구체적으로 정의할 수 있다. 예로 든 이사 견적을 내는 인공지능을 생각해 보자. 입력값이 집 내부 사진이고 출력값이 차량 대수와 사람 숫자라고 했으니, 이제 '방 사진'과 '차량 대수, 사람 숫자' 쌍을 만들면 되는 것이다. 이러한 데이터는 이삿짐 회사의 숙련된 견적 담당자가 회사에 쌓여 있는 방 내부 사진들을 보며 직접 만들 수 있다.

다만 좋은 데이터를 제작하는 데는 상당한 노력과 비용이 필요하기 때문에 전략적 접근이 중요하다. 가장 좋은 상황은 이미 레이블링된 데이터가 충분히 많은 것이다. 만약 이삿짐센터가 수많은 이사 기록—각 고객의 방 사진과 이에 해당하는 견적—을 유지하고 있다면 데이터 생성은 매우 쉬운 일일 것이다. 하지만 대개의 경우는 그렇지 않을 것이다. 과거에 인공지능이 유행할 것이라고 예상하지 못했을 테니 사진이 상당수 유실되었거나 기존 기록들이 사진과 견적을 매칭시키기 힘든 형태로 여기저기 흩어져 있을 수도 있다.

그러한 경우라면 이제 비용과 효용을 분석해 결정을 내려야 한다. 예를 들어, 원 데이터는 많이 있지만 견적과 쌍 지어지지 않은 것이라면 아르바이트를 고용해 이런 일을 빠르게 할 수 있다. 하지만 쌓여 있는 과거 견적 데이터도 없다면 결정을 내려야 한다. 지금부터라도 데이터를 축적해서 수년 뒤 AI 트랜스포메이션을 하거나 돈을 주고 여러 방 사진을 찍은 데이터를 구한 뒤 직원들을 시켜 가상의 견적을 냄으로써 새로운 데이터를 만드는 것이다. 물론 이외에도 여러 선택지가 있다. 편익이 높은 선택지가 있다면 이를 선택하면 된다. 해당 분석은 해당 사업 분야에 오래 종사했던 회사 스스로가 내려야 한다.

데이터셋까지 구했다면 다음 할 일은 인공신경망을 설계하는 것이다. 지난 몇 년간의 진보 덕분에 데이터셋의 형태와 종류마다 학습에 적합한 인공신경망 구조가 많이 알려졌다. 따라서 이 부분에 너무 큰 부담을 느낄 필요는 없다. 중요한 것은 편견을 가지지 않는 것이다. 반드시 최신의 기술이 최선의 솔루션이라는 보장은 없다. 이미지를 다룰 때는 CNN이, 음성이나 텍스트 같은 시계열 데이터에는 RNN이 우월할 것이다. 앞에서 설명한 것처럼 최근에는 트랜스포머 구조가 전반적으로 높은 정확도를 보여 주고 있으나 현재 회사가 원하는 작업이 이미 다른 곳에서 CNN으로 시도해 본 것이고, 원하는 수준의 정확도가 확보된다면 반드시 트랜스포머에 얽매일 필요는 없다. 이미 성숙한 CNN을 통해 조기에 AI 트랜스포메이션을 완료하는 것이 더 중요할 수도 있기 때문이다. 심지어 해야 할 일이 통계자료와 같은 정형 데이터 분석일 경우 과거의 기술이라고 했던 SVM이 더 적합할 수도 있다.

마지막 단계는 서빙이다. 인공지능 서비스를 사용하는 대상—기업 내부용인가, 외부 서비스용인가—에 따라 서비스에 부하가 걸리는 시간대, 물리적 서버의 위치, 보안 정책 등 신경 쓸 것이 크게 달라질 수 있기 때문이다. 하고자 하는 일이 실시간성인지 여부도 상당히 중요하다. 예를 들어 앞서 봤던 이사 견적 서비스를 고객이 직접 사용해 보는 구조라면 실시간성이 매우 중요할 것이다. 하지만 이사 견적 서비스를 회사 내부에서 사용하는 게 목적이라면, 오전에 사진을 찍어 와 오후에 업로드한 후 다음 날 아침에 확인해 보는 방식으로 기획할 수도 있다. 이런 경우라면 실시간성이 그다지 중요하지 않을 것이다. 실시간성이 필요할수록 연산 자원이 많이 필요하다. 인프라 관리에 더 많은 인력뿐만 아니라 더 많은 최적화가 필요하기 때문이다. 결국 서빙 단계에서의 핵심은 비용과 편익을 최적화하는 것이다. 예를 들어, 현재 회사가 인공지능 연구원을 구하기 힘든 상황이라면 서빙 단계에서 추가적인 인프라를 투입함으로써 필요한 인공지능 연구원의 수를 줄일 수 있다. 만약 인프라가 네트워크 속도에 발목이 잡혀 있다면 엣지 디바이스Edge Device에서 한 단계 먼저 처리함으로써 서버에 전송되는 데이터 양을 줄일 수도 있다.

지금까지 설명한 AI 트랜스포메이션의 4단계를 모두 이해했다고 해서 곧바로 인공지능을 도입할 수는 없다. 인공지능 서비스의 기획 단계에서 모든 것을 예상할 수는 없으며, 처음 회사가 가진 데이터만으로 학습했을 때 원하는 수준의 정확도를 얻어 낼 가능성도 높지 않다. 시간이 지나 환경이 바뀌면 기존 인공신경망은 새 데이터로 추가 학습시켜야 한다. 만약 완전히 새로운 고효율 인공신경망 구조가 발견될 경우에는 처음부터 새로 학습을 시켜야 할지도 모른다. 여러 가지 사정으로 인해 인공신경망을 신형 서버에 이관해야 하는 경우도 있다. 이처럼 인공지능 도입의 여정은 한 번 시작하면 끝맺음이 있는 형태의 작업이 아님을 기억해야 한다.

AI 트랜스포메이션 선순환 구조 만들기

인공지능은 데이터 기반_{Data-Driven}이다. 때문에 기존의 컴퓨터 프로그래밍으로는 할 수 없었던 일도 할 수 있게 된 반면 기존의 프로그래밍처럼 동작을 100% 예측할 수도 없게 되었다. 이런 특성 덕분에 처음 학습한 인공지능이 의도에 맞게 동작할 가능성은 거의 없다. 사람도 현실에서 예상치 못한 새로운 경험들을 통해 지속적으로 배우듯 인공지능 서비스 역시 꾸준히 현업에서 오는 운영 사례와 새로운 데이터로부터 교훈을 받아들여 개선해 나가야 한다. 인공지능이 계속 사내에서 개선될 수 있는 구조가 필요한 것이다.

문제는 닭과 달걀 문제가 자주 발생한다는 것이다. 인공지능 기반의 서비스를 만들고자 하는데 모아 놓은 초기 데이터가 아주 적은 경우가 부지기수이며, 일단 서비스를 런칭하지 않으면 데이터 자체를 모을 수 없는 경우도 많다. 데이터가 있어야만 인공지능을 개발할 수 있는데, 아이러니하게도 인공지능 서비스를 시작해야만 데이터를 모을 수 있다. 그런데 인공지능이 없이는 서비스를 시작할 수 없다. 이런 상황을 어떻게 극복할 것인가?

이를 해결할 수 있는 한 가지 방법은 인위적으로 모의 데이터를 만드는 것이다. 자동차 정비공이 실제 정비 경험을 쌓기 전까지는 이론을 익히듯—시뮬레이션과 교구재, 영상과 같은 간접적인 방법을 통해 학습을 하듯—인공신경망에도 최대한 실제와 비슷한 데이터를 만들어 학습시켜 볼 수 있다. 그러나 "적과 첫 조우 뒤에도 살아남는 계획은 없다"는 말처럼, 아무리 비슷하게 데이터를 만든다고 한들 실제 서비스에 들어가면 다양한 문제가 발생한다. 수술실 의사들의 대화를 녹취하는 음성인식 기술을 개발해야만 한다고 해 보자. 의사가 실제 수술실에서 대화한 내용으로 학습하면 되겠다 싶겠지만 이런 데이터가 시장에 존재할 가능성은 별로 없다. 이 경우 일반인들을 고용해 대본을 주고 의사들이 쓰는 단어를 말하게 한 뒤 녹음하여 이를 통해 인공신경망을 학습시켜야 한다. 하지만 이는 실제 수술실에서 의사들이 하는 대화와는 질적으로 차이가 있을 것이다. 신경망의 성능을 극대화하기 위해서는 결국은 수술실에서 의사들이 실제로 대화한 음성이 필요하다. 이런 실제 데이터Real Data를 모으는 가장 좋은 방법은 서비스를 일단 런칭하는 것이다.

당장 인공지능 수준이 낮은데 서비스를 런칭해야 한다고 하니 당황스러울 수도 있다. 그러나 이는 인공지능 개발을 0과 1, 즉 인공지능을 아예 도입하지 않은 상태와 인공지능 개발이 완벽하게 끝난 상태로만 생각하기 때문이다. 인공지능을 완전히 도입해 제약 없이 서비스하는 단계를 최종 목표라고 본다면, 해당 단계에 도달하기까지 미완성 상태의 인공지능을 개선하고 고도화하는 과정이야말로 AI 트랜스포메이션의 진정한 여정이다. 그리고 이 여정에서 우리가 가장 핵심적으로 생각해야 할 것은 충분한 실제 데이터를 확보하기 위한 전략이다. 여기에 유용하게 사용할 수 있는 것이 바로 하이브리드Hybrid 전략이다.

AI 혁명의 미래

하이브리드 전략은 인공지능과 인간을 혼합해 사용하는 것이다. 성능이 사람을 완전히 대체할 만큼 완성되지 않았더라도 일단 서비스를 런칭하고, 사람이 일부 혹은 전부 개입해 서비스의 품질을 책임지는 것이다. 처음에는 인공지능의 성능이 부족하므로 사람의 비용이 더 큰, 배보다 배꼽이 더 큰 상태가 될 수 있다. 하지만 이렇게 해서 데이터를 얻어 내고, 이를 통해 인공지능을 단계적으로 고도화해 나가면 서서히 사람에게 들어가는 비용이 줄어들 것이다. 실제로 컨설팅에서 많이 권한 방식이다.

컨설팅 사례 중 블랙박스 영상을 모은 뒤 도로 위의 각종 정보를 수집해 정부 기관 등에 제공하고자 한 스타트업 대표가 있었다. 이 회사는 이미 영상에서 몇 가지 정보를 추출하는 능력을 가지고 있었으나 해당 스타트업의 고객들은 그보다 많은 정보를 추출하고 싶어 했다. 즉 기술은 있지만 고객의 요구 사항을 맞출 만큼의 인공지능 역량은 없었던 것이다. 하지만 인공지능으로 다양한 도로 정보를 얻어 내려면 학습 데이터가 필요하다. 데이터를 얻기 위해선 일단 도로를 달려 블랙박스 정보를 구해야 한다. 즉 이 회사가 고객이 원하는 수준의 인공지능을 개발하기 위해서는 충분한 양의 실제 도로에서 주행하며 촬영된 영상 데이터가 필요했다. 또한 이를 확보하기 위해서는 우선 고객이 이 회사의 서비스를 이용해야만 했다. 이것이 닭과 달걀 문제이다.

저자는 이 상황을 타개하기 위한 방법으로 하이브리드 전략을 권했다. 이 회사에 가장 중요했던 것은 현장의 데이터 흐름을 얻어 내는 것이었다. 그러기 위해서는 최대한 많은 고객이 이 회사의 서비스를 사용해야 했다. 이 회사의 당시 기술로는 고객이 원하는 만큼의 정보를 제공할 수 없으니 일단 영상을 받아 사람이 분석하라고 했다. 고객 입장에선 품질만 보장된다면 해당 도로 정보가 인공지능을 통해 얻어 낸 것인지, 사람이 직접 보고 판단한 것인지는 크게 중요치 않기 때문이다.

중요한 것은 하이브리드 전략을 시작한 시점부터 데이터가 누적된다는 것이다. 고객에게 도로 정보를 전달할 때는 확인한 영상 안에서 발견한 정보를 보내 줘야 할 것이다. 그리고 이 자료는 인공지능이 학습할 때 사용하는 데이터+결과값 쌍과 완전히 일치한다. 이렇게 데이터가 누적되다 보면 다시 인공지능을 학습시킬 수 있다. 재차 학습된 인공지능은 과거보다 더 많은 정보를 영상에서 뽑아낼 것이고, 사람이 할 일은 줄어들 것이다. 이 과정이 반복되면 인공지능이

[그림 3-6] AI 트랜스포메이션의 선순환 구조 만들기

비즈니스 모델	AI 학습 데이터 가공	AI 모델 고도화
AI 서비스 프로세스 설계를 통한 지속적인 실제 데이터 수집	수집된 데이터를 AI 학습용 초고품질 데이터로 가공	인공신경망 개선 및 재학습을 통해 AI 모델 성능 고도화
AI 서비스 개발자	**Data Scientist**	**AI Scientist**

▶ AI 선순환 파이프라인을 지속적으로 돌아가게 하는 것이 트랜스포메이션이다.

자리를 잡게 되는 것이다.

AI 트랜스포메이션을 시도하는 기업들이 겪는 가장 큰 문제가 이와 같은 데이터 수집 능력의 부족이다. 데이터가 없으니 한 번에 큰돈을 들여서 학습 데이터를 만들고, 이것으로 한 번에 완성된 인공지능을 만들겠다는 시도를 하곤 한다. 하지만 대개는 성공하지 못한다. 앞서 살펴봤듯 직접 만든 데이터가 인공신경망이 접할 현실 상황과 맞지 않을 수 있기 때문이다.

성공적으로 AI 트랜스포메이션을 하기 위해서는 데이터 수집에 대한 장기적인 안목과 지속적인 투자가 필요하다. 현장의 데이터를 인공지능이 학습할 수 있는 형태로 지속적으로 바꿔 줘야 하며, 주기적으로 인공지능의 성능을 개선하는 프로세스를 만들어야 한다. AI 트랜스포메이션에는 '완료'가 없다는 것을 잊어서는 안 된다. 연속적이고 지속적으로 작동하는 AI 개발 프로세스를 만드는 것이 AI 트랜스포메이션의 핵심이다.

AI 트랜스포메이션을 위한 조직 세팅

기업이 특정한 업무를 하기 위해서는 조직과 인력이 필요하다. 인공지능 업무도 마찬가지이다. 2022년 현재 인공지능 분야의 인력 공급이 부족해지면서 대부분의 기업은 대학교와 대학원으로 눈을 돌리고 있다. 하지만 이들을 뽑는 것만으로 조직을 세팅할 수는 없다.

앞서 설명했듯이 AI 트랜스포메이션의 핵심은 현장의 데이터를 수집하고 이를 통해 신경망을 개선함으로써 더 많은 정보를 얻어 내는 선순환 구조이다. 이 구조를 만들기 위해서는 다양한 역량이 필요하다. 인공지능의 도입 목적을 이해하고 서비스를 기획할 줄 아는 능력, 필요한 데이터를 정의하고 효과적으로 모으기 위한 계획을 수립하고 실행하는 능력, 최적의 인공신경망을 설계하고 이를 상용화해 배포하는 능력 등 다양한 분야의 인재들이 필요하다. 현재 학교에서 공급되는 인력들은 대부분 최적화된 인공신경망을 설계하는 경험을 가지고 산업 현장에 투입된다. 이들은 인공신경망이 동작하는 원리를 깊이 이해하고 있으므로 인공지능 서비스를 기획하거나 데이터를 모으는 업무에 큰 도움이 된다. 하지만 이들만으로 AI 트랜스포메이션을 이룰 수는 없다.

현장에서 이미 완성되어 있는 인공지능 엔진을 그대로 가져다 현업에 적용할 수 있는 경우는 거의 없다. 얼굴 인식이나 음성인식처럼 범용적인 활용 사례를 제외하곤 기업마다 비즈니스가 처한 환경이 다르며, 이로 인해 인공지능에게 요구하는 바도 천차만별일 수밖에 없다. 이때 반드시 필요한 사람이 인공지능 기획자이다.

인공지능 도입 시 중요한 작업 중 하나는 '현장의 목소리를 인공지능 전문가가 해야 할 일로 바꿔 주는 것'이다. 이러한 일이 인공지능 기획 업무이다. '사용자가 실내 사진을 촬영하면 견적이 자동으로 나왔으면 좋겠다'와 같은 현장의 모호한 요청을 '실내 사진을 입력하면 필요한 차량의 종류와 대수를 예측하는 인공지능을 개발할 것'과 같이 구체적인 인공지능 엔지니어의 업무로 바꿔 줘야 한다. 기획 과정에서 '실내 사진은 2장 이상일 수 있음', '차량은 1톤과 2.5톤 차량의 조합으로 제한되며 최대 6개의 다른 견적을 보여 줄 것'과 같이 세부적일수록 가치가 있다. 더 구체적인 기획을 하려 한다면 인공지능을 더 깊이 이해해 기술적으로 가능한 것과 불가능한 것의 경계를 명확히 알아야 한다.

데이터 확보 가능성을 계산해 실현 가능한 계획을 수립하는 것도 인공지능 기획자로서 갖추면 좋은 역량이다. 데이터 자체를 구할 수 없다면 대안으로 다른 방식을 써 보도록 권유할 수도 있으며, 정 해결이 안 된다면 AI 트랜스포메이션을 할 수 없다는 결론을 내야 할 수도 있다. 이를 해내기 위해서는 인공지능 기획자가 기술에 대한 충분한 이해가 있어야 하며, 동시에 비즈니스와 서비스에 대한 경험과 노하우를 가지고 있어야 한다.

다음으로 필요한 사람은 데이터 관리자이다. 훌륭한 기획이 완성되었더라도 이를 실행하는 것은 또 다른 일이다. 여기서 중요한 작업 중 하나는 데이터를 만들고 관리하는 것이다. 각 비즈니스가 필요로 하는 데이터를 모으는 방법을 터득해야 하고, 모을 수 있는 데이터의 양이 천차만별이기 때문에 현실적이고 구체적인 계획을 수립할 줄 알아야 한다. 가장 이상적인 상황은 비즈니스 프로세스를 통해 자연스럽게 데이터가 모이는 것이다. 예를 들어, 콜센터의 고객 상담 결과를 글로 요약하는 인공지능을 기획했다고 하자. 이 인공지능을 만들기 위해서는 상담 녹취록 원본과 원본을 요약한 요약본 쌍의 데이터셋이 필요할 것이다. 만약 콜센터 상담사로 하여금 매번 상담이 끝난 후 정성스럽게 상담 노트를 작성하도록 업무 프로세스를 개선한다면 저절로 데이터가 쌓일 것이다. 이런 요소들을 제안하고 실행하는 것 역시 데이터 관리의 중요한 일이다.

물론 현장은 이상적으로 돌아가지 않는다. 인공지능을 도입하고자 하는 회사들은 데이터가 없는 경우도 많으며, 데이터가 있더라도 회사 여기저기에 파편화되어 있거나 규칙성이 없는 등 당장 학습에는 사용하기 힘든 형태로 데이터를 보유한 경우가 많다. 데이터에 어노테이션만 하면 되는 경우도 있는 반면 애초에 가진 데이터가 학습에 쓸 수 없는 경우도 매우 많다. 필요로 하는 데이터의 양식이 간단하여 크라우드 소싱을 통해 시간과 비용을 아낄 수 있는 경우도 있으나, 보안상의 이유나 높은 전문성이 필요해 내부에서 자체적으로 데이터를 만들어야 하는 경우도 있다. 이런 여러 가지 현장의 상황과 어쩔 수 없는 제약 조건들을 정확하게 파악하고, 그런 상황에서 데이터셋 구축을 위한 최선의 계획을 세우고 실행에 옮기는 것이 바로 데이터 관리자의 중요한 덕목이다.

그다음에는 인공신경망을 설계하고 학습 시스템을 세팅해야 한다. 이러한 일을 하는 사람을 인공신경망 설계자라 부른다. 이들은 주어진 데이터셋을 학습하고 높은 정확도, 빠른 속도 등 비즈니스 요구 사항에 맞게 인공신경망 구조를 설계할 수 있어야 한다. 비즈니스가 요구하는 인공신경망의 능력은 매우 다양하므로, 이들은 음성인식이나 이미지 분류 등 학계에서 주로 다루는 신경망의 특성에 익숙

해야 할 뿐만 아니라 현재 인공지능을 적용하고자 하는 비즈니스도 이해해야 한다.

최근 인공신경망 설계는 과거에 비해 매우 자유로워졌다. 이미지는 CNN, 자연어나 음성은 RNN을 기본으로 층수나 파라미터만 바꾸던 과거와는 달리, 주어진 데이터에 따라 좀 더 유연하게 인공신경망을 설계한다. 이 덕분에 단백질 구조 예측 등의 다양한 작업들도 인공지능으로 할 수 있게 되었다. 또한 인공신경망 설계자의 역량에 따라 같은 데이터셋으로 정확도에 더 중점을 둔 신경망을 만들거나 처리 속도에 중점을 둔 신경망을 만들 수도 있다. 이해도가 더 높다면 상대적으로 적은 데이터로도 높은 정확도를 낼 수도 있다.

이와 같은 이유로 기업이 인공지능 개발을 내재화하려고 마음먹었다면 숙련된 인공신경망 설계자를 확보하는 것은 거의 필수다. 일반적으로 이러한 사람들은 인공신경망의 근간이 되는 선형대수학을 알아야 하므로 수학 기초가 강해야 하며, 여기에 신경망의 각 층과 구조를 이해하고 설계할 수 있는 공학적 사고방식을 함께 갖춰야 한다. 만약 인공신경망 설계를 직접 해 보고 싶은 독자가 있다면 이 두 역량에 초점을 맞춰 공부해야 할 것이다.

지금까지는 이 두 가지가 인공지능을 개발하고 최초 서빙하는 데 필요한 업무였다. 하지만 인공지능은 지속적으로 재학습시켜야 한다. 그에 따라 이미 설계된 인공신경망을 재학습시키는 학습 전문가들이 필요하다는 의견이 나오게 되었다. 일단 기존 인공신경망이 비즈니스에서 사용 가능한 수준이라면 구태여 신경망 자체를 재설계할 필요는 없다. 현장의 데이터는 생각보다 변화무쌍하다. 새로 얻은 데이터로 재학습시키고 보니 비즈니스 환경 변화로 데이터에 특정 편향이 생길 수 있다. 이와 같은 상황들은 사람이 직접 관리해 줘야 한다. 물론 이러한 일은 앞서 언급했던 인공신경망 설계자 역시 할 수 있다. 하지만 이들은 일반적으로 매우 높은 학력을 가지고 있어 높은 임금이 필요할 뿐더러 기존 인공신경망이 얼마 이상 정확도가 높아지면 신기술에 관심을 가질 가능성이 높다. 따라서 인공신경망 설계 엔지니어들은 더 창의적인 일로 보내 주고, 대신 이미 인공지능이 자리 잡은 비즈니스에는 학습 전문 인력을 배치해 관리하는 것이다. 한쪽은 더 나은 차기 인공신경망을 설계하고, 다른 한쪽은 비즈니스 연속성을 보장한 채 정확도를 높여 가는 것이다. 이는 새로운 자동차를 연구하는 사람과 숙련된 정비공 간 관계와도 비슷하다. 인공신경망 설계자는 자동차 개발이 끝나면 새로운 자동차를 개발하러 가고, 학습 전문가는 개발이 완료된 자동차에 새로운 데이터를 투입해 최대 포텐셜을 끌어내는 것이다.

마지막으로 필요한 사람은 최적화 엔지니어이다. 인공지능 상용화에 성공해 대규모로 서비스하는 사례가 많아지면서 점차 수요가 늘고 있는 직군이다. 기존에는 인공지능 자체가 신기한 일이었다. 과거의 프로그래머들이 해결해 줄 수 없는 문제를 해결하자 인공지능 기술 자체에서 나오는 부가가치가 매우 커졌다. 덕분에 인공신경망의 원가를 상대적으로 크게 신경 쓰지 않아도 되었다. 매출이 10억 원인데 원가가 1000만 원인지, 2000만 원인지 여부가 중요할 리 없다. 이때는 일단 신경망을 만들고 서비스를 시작하는 것이 더욱 중요한 일이었다.

하지만 기술의 상용화 정도가 높아져 회사 간 기술력 차이가 좁혀지기 시작하면 이야기가 다르다. 차츰 동일 서비스에서 예상되는 매출이 줄어든다. 이런 상황에서는 서비스 원가 자체를 줄여야 한다. 이 일을 하는 것이 최적화 엔지니어이다. 이들은 주어진 신경망의 특성을 바꾸지 않은 채 CPU, GPU, RAM 등 컴퓨터의 각종 연산 자원을 최대한으로 짜낸다. 이를 통해 서버 10대로 해야 할 일을 5대만으로 해낼 수 있다. 운이 좋다면 이 과정에서 신경망의 연산 부담이 크게 줄어 기존에는 신경망이 들어가지 못하던 더 작은 엣지 기기**Edge Device** 등에 동일한 신경망이 탑재 가능해질 수 있다. 인공지능 서비스의 최적화 과정에서 신경망이 사용하는 자원의 크기가 줄어들기 때문이다.

여기서 중요한 것은 AI 트랜스포메이션을 위해 무엇이 필요한지를 이해하는 것이다. 앞서 나온 모든 역량을 특정 회사가 전부 내재화할 필요는 없다. 인공지능을 도입하고자 하는 목적과 서비스의 규모, 상황은 모든 기업이 다를 것이다. 이에 따라 비즈니스별로 역량들의 중요성이 다를 수 있으며, 특정 인력이나 조직이 두 가지 이상의 역량을 갖춰야 할 수도 있다. 예를 들어, 회사에 주어진 연산 자원이 충분하다면 최적화 엔지니어는 중요하지 않을 수 있다. 회사가 처한 상황에 따라서 일부 역량은 일회성으로 아웃소싱을 줄 수 있다.

저자는 이전에 몸담은 회사에서 AI 트랜스포메이션을 위해 필요한 직군을 크게 AI 컨설턴트, 데이터 사이언티스트, AI 사이언티스트, AI

엔지니어 등과 같이 나누고 이를 기준으로 조직을 구성했다. 직군의 명칭이야 어떻든 상관없다. 앞서 언급한 각 기능과 일대일로 매칭할 이유도 없다. 중요한 것은 필요한 역량을 이해하고 갖추는 것이다.

직군	주요 업무
AI 기획 전문가	• 비즈니스상의 니즈를 인공지능 기술이 풀어야 할 문제로 치환 • 인공지능의 입력값과 출력값을 구체적으로 정의
데이터 관리 전문가	• 양질의 데이터 수집, 데이터 레이블링, 데이터의 품질 관리
인공신경망 설계 전문가	• 주어진 데이터 학습에 적합한 인공신경망 구조 설계 • 비즈니스 목적에 맞는 최적의 인공신경망 구조 탐색
인공신경망 학습 전문가	• 지속적으로 업데이트되는 데이터로 인공신경망 재학습 • 데이터 증강 등 학습 기법을 활용해 인공신경망의 최대 포텐셜을 끌어냄
인공신경망 최적화 전문가	• 코드 효율화 등을 통해 CPU, GPU, RAM 등 연산 자원을 최대한으로 짜내 원가 절감

Chapter 04

미래 인공지능
기술 트렌드

지금까지 인공지능이 어떻게 기존의 방법론을 뚫고 왕좌를 차지했는지 그리고 현재의 인공지능은 어떻게 개발되고 어떤 방법으로 현실에 적용할 수 있는지를 알아봤다. 하지만 세상에 변치 않는 것은 없다. 이번 장에서는 지난 수년간 찬란하게 발전해 왔던 인공지능이 어떤 문제를 새로이 겪기 시작했는지, 이로 말미암아 기업들은 어떤 선택 앞에 놓여 있는지를 알아볼 것이다. 더불어 업계 앞에 놓인 다양한 기술적 화두를 살펴볼 것이다.

빠르게 똑똑해지지는 못하는 AI

지난 수년간 인공신경망 기술은 상당히 성숙했다. 이로 인해 인공신경망을 개선하기 위해 필요한 자원은 점점 더 커졌다.

한계효용 체감이라는 경제학 용어가 있다. 이는 인공신경망의 다양한 투입 요소에서도 나타난다. 현대 인공신경망의 정확도를 높이는 방법은 데이터의 양을 늘리고, 늘어난 데이터 속 새로운 규칙을 기억할 수 있도록 추가적인 인공 뉴런이나 인공 연결을 늘려 주는 것이다. 하지만 이러한 추가 투입 요소들이 한계효용 체감을 겪고 있다. 사물인식 테스트로 유명한 CIFAR-10 대회의 인공신경망들의 예를 보자. 99.0%의 사물인식 정확도를 가지는 Google EfficientNetV2-M의 파라미터 개수는 약 5400만 개이다. 이를 메모리 용량으로 환산하면 200MB 정도 된다. 이는 기존의 규칙 기반 프로그램과 비교하면 어마어마한 크기이다. 기존의 프로그래밍 방법론이 조건문을 탐색하여 결과를 내는 데 필요한 코드의 크기는 커 봤자 수 MB 정도밖에 되지 않는다. 이미 200MB 정도도 상당히 크기 때문에 GPU 기반의 인공신경망은 수행 과정의 유연성이 CPU보다 떨어진다. CPU 위에는 수천 개의 프로그램이 동시에 떠 있을 수 있지만 인공신경망은 그렇게 운용하기 힘들다.

더 난감한 점은 정확도를 높이는 데에 필요한 대가가 기하급수적으로 불어난다는 것이다. 위 대회에서 Google은 정확도를 99.0%에서 99.1%로 올리기 위해 무려 1억 2100만 개의 파라미터를 필요로 했으며, 이는 용량으로 500MB 가까이 된다. 이보다 정확도가 더 높은 모델이자 현재 대회에서 1등을 차지한 모델은 ViT-H/14인데, 99.5%의 정확도를 달성하기 위해 6억 3200만 개의 파라미터, 3GB가 넘는 메모리를 사용해야 했다. 이러한 경향은 거의 모든 인공신경망에서 나타난다. 신경망이 99.1%의 정확도를 가지기 위해서는 기존 99.0% 때는 신경 쓰지 않던 매우 사소한 요소도 구분하도록 학습되어야 한다. 사소한 요소까지 배우려면 더 거대한 인공신경망이 필요해지며, 더불어 사소한 요소들을 포함하고 있는 수많은 학습 데이터도 필요해지는 것이다.

결과를 요약해 보면 다음과 같다. CIFAR-10과 비슷한 인식 작업을 인공신경망으로 하려 하는데 사용자가 0.5%의 추가 정확도를 원한다면 최대 동시 사용자 수가 1/15 가까이로 줄어 버린다는 것이다. 만약 특정 고객이 스마트 팩토리를 추진하는데 정확도가 99.998%(6시그마) 정도여야만 하는 공정이 있다면 어떻게 할 것인가? 이런 비즈니스 모델에서도 인공신경망은 노동자를 직접 고용해서 일을 시키는 방식이나 기존의 프로그래밍을 통해 공장을 운영할 때와 비교해 비용 우위를 가질 수 있을까?

이렇게 연산력을 많이 사용하는 상황이라면 반응속도도 매우 나쁠 가능성이 높다. 스마트 팩토리에서 물건이 컨베이어 벨트를 지나 초당 1개씩 지나가는데, 불량을 감지하고 처리하는 것에 2초가 걸리는 상황이라면 매우 난감할 것이다. 불량 감지 카메라를 2개 설치하고 속도가 느린 컨베이어 벨트 2개를 설치하는 방법도 있겠으나 이렇게 되면 기존 공장의 구조를 고쳐야 한다. 사용자가 원치 않거나 상황에 따라서는 개선하기 힘들 수 있다.

그리고 이렇게 인공신경망의 크기가 커질 경우, 이를 재학습하고 배포해서 기능을 업데이트하는 것 역시 숙련된 인원들이 해야 한다. 학습 시간이 길어 학습 실패의 대가가 매우 클 뿐만 아니라 신경망의 구조가 복잡해 학습이 잘되지 않았을 경우 문제 지점을 찾기 힘들기 때문이다. 인공신경망 내부의 문제들은 원인이 직관적이지 않아서 숙련된 연구원과 프로그래머들에게도 큰 골칫거리이다.

기존 프로그램에 문제가 생길 경우 개발자들은 코드를 살펴보며 코드 내의 논리적 모순을 찾는 방식으로 문제를 해결했다. 대부분의 문제는 '덧셈, 곱셈의 순서가 틀렸다'와 같이 해결해야 할 부분이 직관적이었다. 하지만 딥러닝에서 이러한 문제 발견은 쉽지 않다. 앞서 살펴봤듯 인간 뇌를 이해하지 못하듯 인공신경망의 각 뉴런이 각 층에서 하는 일을 추정하는 것은 쉽지 않다. 신경망이 얕고 단순하다면 어느 정도는 시각화해서 역할을 알아낼 수 있지만, 99%에서 99.1%로 개선된 신경망의 수백 개 층이 무슨 역할을 하는지 이해하기는 힘들다. 많은 경우 능력이 뛰어난 연구원이 각종 통계적 방법과 직관을 동원해서야 문제의 원인을 '짐작' 정도나 해 볼 수 있으며, 그나마도 해당 신경망의 학습 히스토리를 알아야 제대로 해낼 수 있다.

한 번 인공신경망이 문제를 일으킬 경우 어떤 방식들을 써야만 하는지 실제 예로 알아보도록 하자.

[그림 4-1] <GTA 5>를 현실적으로 바꿔 주는 인공신경망. 왼쪽이 게임 화면이며, 오른쪽은 인공신경망이 적용된 게임 화면이다[17]

[그림 4-1]은 인텔이 만든 실험용 인공신경망으로, <GTA 5>의 화면을 사진과 가깝게 변형Photorealism해 주는 일을 한다. 상용화되지는 않았으나 성능이 낮은 컴퓨터에서도 현실에 가까운 그래픽을 볼

---

17   Enhancing Photorealism Enhancement, https://www.youtube.com/watch?v=P1lcaBn3ej0, Retrieved 2022. 6. 17.

AI 혁명의 미래

수 있게 해 준다. 이 신경망이 하는 일은 실시간 게임 화면 속 자동차, 길, 하늘 등의 요소에 그럴싸한 현실 사진을 붙여 넣는 것이다.

인텔은 이 인공신경망을 소개하면서 신경망 개발 중에 겪은 문제점을 이야기했다. 개발 초반에는 하늘에 나무들이 떠 있거나 숲에 나무 대신 별이 그려진다든지 하는 괴상한 문제들이 생겼다는 것이다. 데이터 가공 과정에서 나무 사진을 별이라고 잘못 이름 붙이거나 하는 일은 없었다. (이런 실수가 소수 있더라도 결과에는 큰 영향이 없다.) 엔지니어들이 이 문제를 조사한 결과 〈GTA 5〉가 렌더링하는 화면과 학습에 사용한 현실 화면 간 정보의 양이 달랐다는 것이 확인되었다. [그림 4-2]는 학습에 사용한 현실Cityscape 화면과 게임 〈GTA 5〉에 하늘, 식물, 도로가 나타나는 위치들을 나타낸 것이다.

[그림 4-2] 학습 데이터와 게임 속 요소 분포 차이[18]

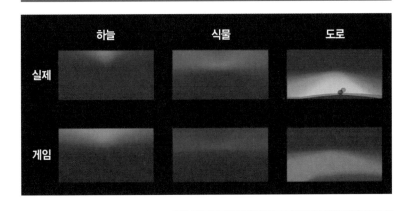

---

18 앞의 것과 동일

색이 밝을수록 해당 요소가 나타날 확률이 높다는 의미이다. 오른쪽 위의 실제의 도로 데이터를 보자. 자동차를 타고 주행하며 데이터를 수집했기 때문에, 사진에서 지평선 아랫부분에 길이 나오는 경우가 많다. 하지만 사진의 맨 아래는 보닛 때문에 길이 가려져 보이지 않는다.

〈GTA 5〉 데이터를 보면 학습에 사용한 현실 데이터와 표시 분포가 매우 다름을 알 수 있다. 〈GTA 5〉 게임 화면(왼쪽 아래 그림)에서는 하늘이 거의 절반을 차지할 만큼 매우 많이 등장하는 반면 학습에 사용한 현실의 사진에서는 하늘의 비중이 생각보다 적고(왼쪽 위 그림) 식물들이 지평선 윗부분에도 많이 표현(가운데 위 그림)되는 것을 알 수 있다. 게임 화면에서는 하늘이 표시되어야 할 부분인데, 실제 길거리 촬영 데이터에서는 식물이 나오는 것이다. 학습에 사용한 현실 사진은 대부분 숲을 낀 구불구불한 도로를 주행하며 촬영한 것이고, 〈GTA 5〉는 주로 탁 트인 넓은 공간을 주행하는 영상을 쓴 것으로 추정할 수 있다.

이 인공신경망은 개발 초기에 도시 사진을 증강 처리 없이 통째로 사용하는 방식으로 학습되었다. 연구원들은 인공신경망이 하늘, 식물, 도로 등을 구분하는 법을 스스로 학습하길 원했겠지만 안타깝게도 인공신경망은 사진에서 하늘, 식물, 도로가 나타나는 위치 자체를 외워 버린 것이다. 어린아이에게 1+1, 1+2, 1+3 등의 덧셈을 가르쳤더니 덧셈 기호(+)의 역할을 익힌 것이 아니라 그냥 덧셈 자체를 그림으로, 즉 '1+1=' 옆에는 '2'라는 걸 그려야 한다고 이해해 버린 것과 같은 상황이다. 학습에 사용한 현실 데이터에 나무가 있던 곳을 외워 버린 뒤 게임 화면 동일 위치에 나무를 그려 버린 것이다.

이런 과적합 문제는 머신러닝에서 생각보다 흔하게 일어난다. 하지만 원인 파악을 위해서는 살아 돌아가는 신경망을 봐선 소용이 없었다. 심지어 개별 도시 풍경 사진들도 문제가 없었다. 개별 도시 풍경 사진들의 분포 특성이 문제였던 것이다. 엔지니어들은 이 문제를 데이터 증강 방식으로 해결했다. 학습에 도시 사진을 통째로 쓰는 대신 사진을 잘게 잘라 학습에 사용하여 해결할 수 있었다.

그나마 이 신경망의 경우 게임에서 시험 삼아 돌려 보는 것이었기에 피해가 발생할 일도 없었으며, 문제를 고민하고 수정할 시간이 충분했다. 하지만 만약 어떤 인공신경망이 비즈니스의 핵심적인 영역에서 돌고 있는데 뒤늦게 저런 문제가 생겼다면 어떡할 것인가? 심지어 인공신경망이 매우 거대해서 재학습하는 데까지 오래 걸린다면?

인공지능 분야가 아니더라도 한계효용 체감은 생각보다 흔한 일이다. 그동안은 드랍 아웃이나 트랜스포머 등의 인공지능 기술혁신이 한계효용 체감을 막아 주었다. 하지만 이런 혁신이 줄어든다면 앞으로 어떤 일이 일어날지 고민해 봐야 할 것이다.

인공신경망 기술의 새로운 화두

인공신경망 기술에 새로운 돌파구가 필요한 시점이 다가오고 있다. 인공신경망은 이미 일부 인식 분야에서는 인간을 뛰어넘는 성과를 내기도 하지만 완성된 기술이라고 부를 수는 없다. 종합적인 판단이나 논리적인 사고와 같은 영역에서는 인공지능이라는 말이 무색할 정도로 취약한 모습을 보이기 때문이다. 인공지능을 연구하는 목적이 인간의 지능을 완벽히 모방하는 것이라면 우리가 아는 것은 빙산의 일각일 뿐이다.

물론 이 빙산의 일각만으로도 인식·생성 분야에서 기존에 불가능했던 수많은 것이 가능해졌지만 나아가야 할 길이 멀다. 인식·생성 분야를 넘어선 곳에서 성과를 내기 위해서는 지금까지 사용하지 않았던 새로운 기술들을 발굴하고 사용해야 할 것이다.

이제 소개할 내용은 어쩌면 기존 인공신경망 기술에 새로운 돌파구가 되어 줄지도 모를 시도들이다. 이 시도들은 인공신경망을 보다 사람의 뇌가 작동하는 방식에 가깝게 구현하는 것을 목표로 한다. 이 시도들은 아직 검증되지 않았다. 기술의 효용 가치를 증명할 때까지 앞으로 몇 년이 걸릴지 모르며, 어쩌면 몇 십 년이 걸릴지도 모른다. 그러나 옳은 방향이라면 어렵고 힘들더라도 이 길을 가야 한다. 과거 인공지능의 암흑기에도 인공신경망 연구를 20년간 지속했던 연구자들이 있었기에 오늘날의 혁신이 가능하지 않았던가! 이 교훈을 마음속에 새기고 인공신경망 기술의 새로운 화두들을 다뤄 보도록 하자.

보다 더 사람의 뇌처럼: SNN

인공신경망은 사람의 뇌를 모방해서 만들어졌다. 사람의 뇌는 뉴런이라는 뇌세포와 각 뇌세포를 연결하는 시냅스로 구성된다. 인공신경망은 이런 작동 방식을 모델링해 소프트웨어적으로 구현한 것이다. 당연한 이야기지만 현재의 인공신경망이 사람의 뇌를 완벽하게 모방하고 있는 것은 아니다. 이는 인공신경망 속 뉴런의 개수가 인간 뇌세포 개수보다 적다 같은 수준의 문제는 아니다.

인간과 현재의 인공신경망이 가진 차이 중 하나는 뉴런과 뉴런이 주고받는 신호의 형태이다. 현재 사용되는 일반적인 인공신경망은 들어오는 정보가 한순간에 취합된다고 가정한다. 만약 특정 뉴런이 주변에 있는 4개의 뉴런에게서 신호를 받아야 한다면 이 4개의 신호가 동시에 도달한다고 가정하는 것이다. 그리고 4개 뉴런에서 취합된 값이 일정 이상일 경우 해당 뉴런이 활성화되고 연결된 다음 뉴런에 신호를 전달하는 구조인 것이다. 하지만 이는 현실의 뇌와는 다르다. 인간의 뉴런은 여러 신호가 시간을 두고 도착하는 형태가 될 수밖에 없다. 현재의 인공신경망은 이런 요소까지 시뮬레이션하는 것이 너무 어렵기 때문에 나온 일종의 타협안이다. 무엇보다 그 정도까지 시뮬레이션하지 않아도 성과가 충분히 나오지 않았던가!

SNNSpiking Neural Network[19]은 이런 차이를 개선하기 위해 제안된 인공신경망 구조이다. [그림 4-3]을 보면 좀 더 차이를 이해하기 쉬울 것

[그림 4-3] 현재의 인공신경망(왼쪽)과 SNN(오른쪽)의 동작 방식 차이

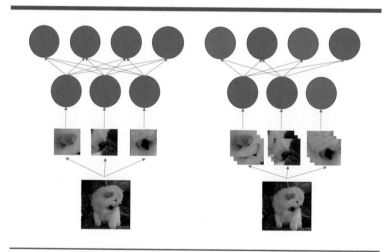

19 Spiking은 활성화된 뉴런이 뾰족한 스파이크같이 신호를 발생시킨다는 의미이다. 실제 사람의 뇌도 이렇게 뉴런이 활성화될 때마다 스파이크 신호를 발생하며, 다음 뉴런은 이런 스파이크 신호가 일정 이상 누적될 때 활성화된다.

이다.

　[그림 4-3]은 현재의 일반적인 인공신경망(왼쪽 그림)과 SNN(오른쪽 그림)이 똑같은 강아지 사진을 본다고 했을 때 뉴런이 활성화되는 방식을 간단하게 표현한 것이다. 현재의 인공신경망은 강아지 그림을 일시에 인지하는 형태로 움직이게 된다. 처음 강아지 이미지가 신경망에 입력되면, 각 뉴런들이 자신이 봐야 할 강아지의 이미지를 '동시에' 확인하고, '동시에' 다음 층으로 넘기게 되는 것이다. 입력된 이미지가 1개라면 신경망의 각 뉴런은 단 1번 활성화되는 것이다. 이는 마치 사람에게 강아지 사진을 보여 주자마자 바로 치워 버린 뒤 이 동물이 무엇이었는지 맞춰 보라는 것과 같다. SNN은 이와는 다르게 동작한다. SNN은 각 뉴런이 신호를 내보내는 타이밍이 다르며, 필요하다면 한 개의 입력이 들어오더라도 신호를 수차례 다른 뉴런에게 내보내기도 한다. 이는 사람이 강아지 이미지 하나를 두고 곰곰이 뜯어보며 고민하는 것과 같으며, 실제 사람이 사물을 인지하는 방법에 가깝다고 할 수 있다. 쉽게 말하자면 일반적인 인공신경망이 첫인상만 가지고 모든 것을 판단해야 한다면, SNN은 시간을 들여 요리조리 뜯어보고 의사결정을 내리는 셈이다. 사물인식을 위해 사용하는 정보의 총량은 당연히 후자가 더 크다.

　물론 사물인식은 현재의 인공신경망으로도 잘 작동하므로 SNN으로 큰 이익을 얻지 못할 것이다. 그러나 동영상과 같은 시간 정보를 분석할 때는 차이가 커질 수 있다. 일반적인 인공신경망은 동영상이 입력값일 경우 각 화면(프레임) 이미지 단위는 쉽게 분석하지만, 연속된 프레임의 변화와 그 속의 인과관계를 분석하는 것에는 큰 어려움을 겪는다. 반면 SNN은 시간의 흐름에 따라 지속적으로 신호를 입력받고, 뉴런들이 비동기적으로 활성화된다. 예를 들어, 동영상 속 강아지를 인식해야 하는데 영상 속 강아지가 꼬리를 치며 움직이고 있다고 하자. 이 경우 배경을 포함한 이미지 전체를 계속 집중해서 보는 것보다 강아지에 해당하는 부분에만 집중하고 나머지 부분에는 신경을 덜 쓰는 것이 효율적일 수 있다. SNN을 사용하면 신경망이 자연스럽게 이런 식으로 학습되도록 만들 수 있는 것이다.

이렇게만 보면 SNN이 현재의 일반적인 인공신경망들보다 한 단계 더 진보한 것으로 보인다. 그러나 실제로는 SNN이 상용화된 사례는 전무하다. 가장 큰 이유는 학습이 어렵기 때문이다. SNN은 사람의 뇌와 같이 비지도Non-Supervised 방식으로 학습을 한다. SNN의 각 뉴런들은 작동할 때마다 자신과 가까이 있는 뉴런과의 관계에 따라 자동으로 재학습된다. 예를 들어 뉴런이 A-B 순서로 붙어 있다고 하자. A 뉴런이 활성화되었을 때 B도 활성화되는 경향이 있는 경우(B 뉴런은 A뿐만 아니라 다른 뉴런들에서도 신호를 받는다) 이 A-B 사이의 연결 강도는 강해진다. 연결 강도가 강해진다는 것은 A에서 더 작은 신호가 발생해도 B 뉴런이 쉽게 활성화된다는 의미다. 반대로 A가 활성화되지 않았을 때 B가 활성화되는 경우가 많다면 연결이 약해진다. 한 예로 "밥 먹어라"라는 목소리를 듣는 신호와 "오후 12시"라는 목소리를 듣는 신호가 합쳐지면 "배가 고파진다"는 뉴런이 활성화된다고 하자. SNN은 이 상황이 몇 번 반복되면 "밥 먹어라"라는 말만 들어도 "배가

고파진다"가 활성화되도록 학습된다는 의미이다.

하지만 문제는 학습을 컨트롤하기가 어렵다는 것이다. 현재의 오차 역전파 방식의 학습은 100% 가깝게 인공신경망의 연결 강도를 원하는 방향으로 조정할 수 있다. 추론을 1번 하고, 추론값과 기댓값의 오차만 알면 신경망 내의 모든 뉴런을 조정할 수 있다. 반면 SNN이 학습하는 방식은 우연에 가깝다. 따라서 지도 학습 방법론처럼 인위적으로 오차를 부여하며 각 뉴런의 연결 강도를 조정하는 것이 어렵다. 최근에는 현대의 인공신경망으로 학습을 한 다음 활성함수만 스파이크 활성함수로 교체하는 방식의 기교도 고안되었으나 이렇게 어렵게 학습을 해도 성능적인 메리트가 없어 후속 연구가 활발히 이뤄지고 있진 않다.

SNN은 분명 현재의 인공신경망과 비교해 미래지향적인 인공신경망 구조로 여겨진다. 그러나 실용적인 문제로 산업계에서 외면받고 있는 것도 사실이다. 앞으로 꾸준한 연구가 이뤄져도 SNN의 학습 문제가 해결되지 않을 수도 있다. 그러나 SNN이 추구하는 접근 방식 자체는 옳다고 생각한다. SNN을 개선하든 아니면 아예 새로운 인공신경망을 구현하든, 현재의 인공신경망보다 좀 더 사람의 뇌에 가깝게 모델링하는 방향의 연구가 지속적으로 이뤄져야 할 것이다. 다행히도 SNN은 그 구조상 반도체 레벨에서 시뮬레이션하기 좋다. 이후 소자 레벨에서 SNN에 가까운 물건들이 늘어날 경우 좀 더 연구 개발에 가속이 붙을지도 모르는 일이다.

사람의 기억을 어떻게 구현할 것인가: RETRO Transformer

사람의 '기억'을 어떻게 인공신경망으로 구현할 것인지에 대해서는 상대적으로 많이 연구되지 않았다. 현재의 일반적인 인공신경망은 개와 고양이를 잘 구분하고, 음성을 잘 인식해 문장으로 변환하는 등 매우 특정한 업무만을 반복적으로 수행한다. 이런 작업을 수행하는 인공신경망에 군이 기억이라는 기제를 구현할 필요는 없다고 생각하는 것이다. 그러나 개와 고양이를 구분하는 인공신경망을 개발할 때도 기억을 하지 못하기 때문에 생기는 소소한 문제점이 존재한다.

개와 고양이를 거의 완벽하게 구분하도록 학습시킨 인공신경망이 있다고 하자. 이 신경망이 코끼리도 구분하게 만들기 위해 코끼리 데이터만 추가로 학습시키면 어떻게 될까? 안타깝게도 이 인공신경망은 코끼리는 잘 인식하게 되는 대신 개와 고양이를 잘 인식하지 못하게 된다. 이런 문제를 피하려면 어떻게 해야 하는가? 코끼리를 추가 학습시킬 때 기존에 사용했던 개와 고양이 데이터까지 가져와야 한다. 반면 사람의 경우 코끼리를 새로 학습했다고 해서 개와 고양이를 잊어버리는 일은 없을 것이다. 이렇듯 지식을 저장하고 기억하는 방식에서 인공신경망은 아직 사람의 뇌와 차이가 있다.

혹자는 이 문제를 대수롭지 않게 생각할 수도 있다. 실제로 지금까지 대부분의 인공지능 개발 현장에서 이 정도의 번거로움은 감수했다. 그러나 최근 유행하는 초거대 언어 모델 같은 큰 인공신경망을 개발할 때는 이 문제가 매우 심각하게 다가온다. 거대 인공신경망은 학습에 많은 시간이 걸리고, 한 번에 매우 많은 데이터를 사용한다. 기존에 이해하지 못하던 한 줄의 공식만 더 이해할 수 있도록 재학습시키고 싶어도 온 세상 문제집을 처음부터 다 풀어야 하는 상황이 생기는 것이다.

　네이버가 개발한 초거대 언어 모델 하이퍼클로바 사례를 들어 보자. 하이퍼클로바는 한국어 뉴스와 블로그, 지식인, 카페, 웹문서 등 약 2TB 분량의 데이터를 학습했다고 한다. 그러나 웹상에는 오늘도 수많은 새로운 문서가 올라온다. 기존에 학습한 것만 가지고도 일상적인 대화를 수행하는 데에는 문제가 없겠지만, 갱신된 정보는 학습하지 않은 이상 알 방법이 없을 것이다. 예를 들어 하이퍼클로바를 명왕성의 행성 지정이 취소되기 전에 학습시켰다면 태양계의 행성이 몇 개인지 물어볼 경우 9개—현재는 8개—라고 답할 것이다. 이 정보를 갱신하기 위해 명왕성의 행성 지정이 취소되었다는 내용이 담긴

[그림 4-4] 일반적인 초거대 언어 모델과 RETRO Transformer의 차이

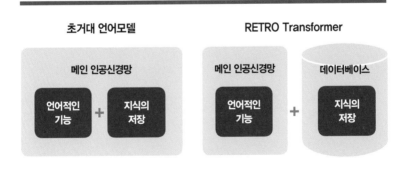

문서만 학습시키고 싶어도, 지금으로선 기존 데이터에 해당 문서를 추가해서 수개월간 재학습시킬 수밖에 없는 것이다.

딥마인드는 이런 문제를 극복하기 위한 대안으로 RETRO Transformer(이하 레트로)라는 인공신경망 구조를 제시했다. [그림 4-4]의 왼쪽 그림과 같이 일반적인 초거대 언어 모델은 하나의 인공신경망이 언어적인 기능과 지식의 저장을 동시에 담당한다. 반면 레트로는 언어적인 기능을 담당하는 메인 인공신경망과 지식을 저장하는 데이터베이스를 분리했다. 언어적인 기능이라는 것은 문장을 이해하고 생성하는 기본적인 기능을 의미한다. 예를 들어 '나는 학교에' 다음에 들어올 동사로 '먹었다'는 어울리지 않고 '갔다'는 어울린다는 것을 아는 능력은 언어적인 기능에 속한다. 이런 언어적인 기능은 특정 사실에 기반한 지식과 상관없는 공통적인 기능이므로 한 번 학습하면 특별한 일이 없는 한 다시 학습하지 않아도 된다. 그러나 지식은 시간이 지나면 갱신되기 때문에 수시로 업데이트를 해 줘야 한다. 레트로는 자주 업데이트해 줘야 하는 지식 부분을 분리함으로써 GPT-3 등의 거대 신경망의 재사용성과 효율성을 높인 것이다. 딥마인드가 공개한 바에 따르면 레트로는 GPT-3의 25분의 1밖에 안 되는 신경망 크기로 거의 동등한 성능을 발휘한다고 한다.[20] 연산 자원의 최적화 측면이나 학습의 용이성 측면에서 매우 큰 강점을 가진 것이다.

그러나 레트로도 여전히 사람의 기억이 작동하는 기제를 완전히

---

[20] https://www.deepmind.com/publications/improving-language-models-by-retrieving-from-trillions-of-tokens

AI 혁명의 미래

구현했다고 보기는 어렵다. 레트로는 데이터베이스에 약 2조 개에 달하는 단어를 저장해 놓고 있다. 레트로의 메인 인공신경망이 문장을 생성하다가 특정 사실관계나 지식이 필요할 때 데이터베이스에서 자료를 가져와 참조하는 것이다. 이런 방식은 인간의 뇌라기보다는 검색엔진에 가깝다. 어찌 보면 엔드 투 엔드 방식에서 약간 뒤로 물러서는 모습으로 보이기도 한다.

아직 인간은 뇌에서 기억이라는 기제가 어떻게 동작하는지 정확히 이해하지 못하고 있다. 향후 지속적인 연구를 통해 사람의 기억은 어디에 어떻게 저장되는지, 어떻게 유지되는지 그리고 저장된 기억을 어떻게 인출하는지 그 작동 원리를 이해해야 한다. 이렇게 할 때 비로소 인공신경망으로 기억을 구현할 수 있는 길이 열릴 것이다. 레트로와 같은 시도는 뇌 과학이 발전하는 데 있어 필요로 하는 시간 동안 인공지능의 성능을 유지해 줄 중간 다리가 될 수도 있다. 그리고 어쩌면 이런 시도 자체가 인간 뇌의 기능을 밝혀내는 데 도움을 줄지도 모른다.

AGI: 일반 인공지능의 꿈은 이뤄질까?

AGI**Artificial General Intelligence, 일반 인공지능**는 사람처럼 하나의 인공신경망이 여러 가지 작업을 수행하는 것을 의미한다. 현재의 일반적인 인공신경망들은 대부분 하나의 작업에 특화되어 있다. 개와 고양이를 사람보다도 훨씬 잘 구분하는 인공신경망을 만들 순 있지만, 음성을 들려주고 인식하라고 시키면 하지 못한다. 학습을 안 시켜서가 아니다. 완전히 다른 일을 둘 다 할 수 있는 인공신경망을 개발하는 것 자체가 어려운 것이다.

인간은 다르다. 초당 10만 장의 사람 얼굴을 보고 99.9%의 정확도로 구분하지는 못하지만 개와 고양이 구분, 음성도 인식, 발화, 그림 그리기 등 여러 가지 일을 할 수 있다. 지금은 하지 못하는 새로운 작업이라도 얼마든지 배울 수 있다. 인간은 특정 작업에 덜 최적화되어 있는 대신 팔방미인이다. 이런 인공지능을 만드는 것은 많은 연구자의 꿈이다.

왜 많은 연구자가 AGI를 인공지능 연구의 궁극적인 목표로 여길까? AGI를 개발해야만 인공지능이 진짜 개념을 이해하고, 스스로 생각하며 끊임없이 발전할 수 있을 것이라고 생각하기 때문이다. 이런 생각에는 현재의 일반적인 인공신경망들이 제법 잘 작동하지만 인간처럼 지식과 개념을 이해하지는 못한다는 전제가 깔려 있다. 개와 고양이를 기가 막히게 잘 구분하는 인공신경망은 그저 개와 고양이를 구분할 수 있는 패턴을 익혀서 사진들을 0과 1로 분류할 뿐이다. 일반적으로 이미지를 분류할 때는 개=0, 고양이=1과 같이 분류할 대상들을 숫자로 매핑한다. 그 안에는 개와 고양이가 가지는 의미, 맥락 등은 전혀 없다. 실제로 개가 얼마나 사람에게 친근한 동물인지, 고양이가 얼마나 치명적인 매력을 지녔는지를 이해하지 못한다는 뜻이다. 하지만 어린아이에게 고양이를 몇 번 보여 주면 고양이를 잘 구분하게 됨과 동시에 고양이의 매력에 빠져들게 된다.

　연애 챗봇 이루다가 아무리 달달한 애정 표현을 한다 해도 설레는 건 실제 사람인 유저일 뿐, 챗봇인 이루다가 사랑의 감정을 느낄 거라 생각한 사람은 없을 것이다. 실제로 이루다는 수많은 연인의 카카오톡 대화를 학습해서 연애 상황에서 나올 수 있는 수많은 발화에 대한 답변을 패턴으로 학습한 것에 불과하다.

　앞서 나오는 여러 작은 인공신경망들을 [그림 4-5]와 같이 여러 개 모아 조립한다 해도 진짜 개념을 이해하는 AGI는 만들 수 없다. 음성 인식 엔진은 들어온 음성을 문장으로 잘 변환하겠지만 그 내용이 무엇인지 결코 이해하지 못한다. 자연어 대화 엔진(신경망)은 음성인식 엔진이 변환한 문장에 대한 답변을 제공할 수 있겠지만 음성에 담긴

[그림 4-5] 가짜 AGI(일반 인공지능)의 대표적인 예

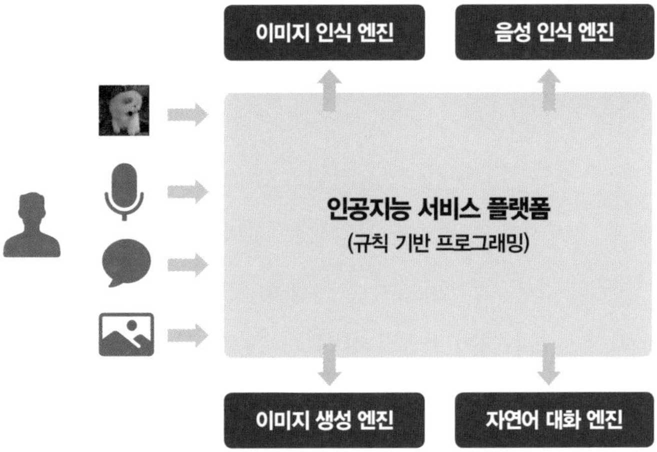

감정이나 뉘앙스를 알지 못한다. 개와 고양이 사진을 입력하면 이미지 인식 엔진이 기가 막히게 구분해 내겠지만, 방금 본 강아지와 어제 본 강아지 중 어떤 강아지가 더 귀여운지는 알 수 없다. 이 모든 입력과 출력을 통제하는 인공지능 서비스 플랫폼은 그저 사전에 프로그래밍한 규칙에 따라 작동할 뿐이다. 이 시스템을 구성하는 개별 엔진들의 성능을 높인다고 없던 감정이 생겨나지는 않는다. 그저 새로운 서비스가 생겨 일상이 조금 더 편해질 뿐이다.

그렇다면 진짜 AGI를 만들기 위해서는 어떤 방향으로 접근해야 할까? 인공지능 연구에서 앞서 나가고 있는 글로벌 테크 기업들의 행보를 보면 작은 실마리를 찾을 수 있다. 바로 멀티태스크Multi-Task, 멀티모달Multi-Modal 인공신경망을 개발하는 것이다. 멀티태스크는 하나의 인공신경망이 복수의 작업을 처리한다는 의미고, 멀티모달은 하나의 인공신경망이 이미지, 텍스트, 음성 등 서로 다른 데이터 유형을 함께 다룬다는 의미다.

GPT-3를 공개해 초거대 언어 모델의 시대를 연 오픈 AI는 곧이어 텍스트-이미지 멀티모달 인공신경망인 DALL-E와 CLIP을 공개했다. DALL-E는 문장으로 묘사한 것을 그림으로 그려 내는 인공신경망이고, CLIP은 이미지를 자세하게 문장으로 설명한다. 특히 CLIP은 멀티모달 연구의 가능성을 잘 보여 준 사례로 평가받는다. 기존의 이미지 인식은 개는 0, 고양이는 1과 같이 이미지를 아무런 의미가 없는 숫자로 분류했다. 그러나 CLIP은 이미지를 '눈 위를 뛰어다니는 개', '낮잠 자는 고양이'와 같이 언어적으로 이해한다. 이는 기존의 이미지 인식 인공지능보다는 훨씬 사람이 이해하는 방식에 가까워 보인다. 예컨대 CLIP은 언어능력은 가지고 있지만 오감 중 시각만 가진 사람의 지능에 가깝지 않을까?

Google은 좀 더 나아가 아예 모든 종류의 작업, 모든 종류의 데이터 유형을 하나의 인공신경망으로 처리하는 차세대 인공신경망을 개발하기 시작했다. Google의 인공지능 총괄 제프 딘Jeff Dean은 2021 TED 몬테레이 컨퍼런스에서 현재 인공신경망의 근본적인 한계를 극복하기 위한 멀티태스크, 멀티모달 인공신경망인 패스웨이Pathways 개발 계획을 공표했다. 그는 패스웨이가 수백만 개의 다양한 작업을 수행할 수 있고, 모든 데이터 유형을 처리할 수 있을 것이라 밝혔다.

[그림 4-6] 다양한 입력과 출력을 지원하는 멀티모달

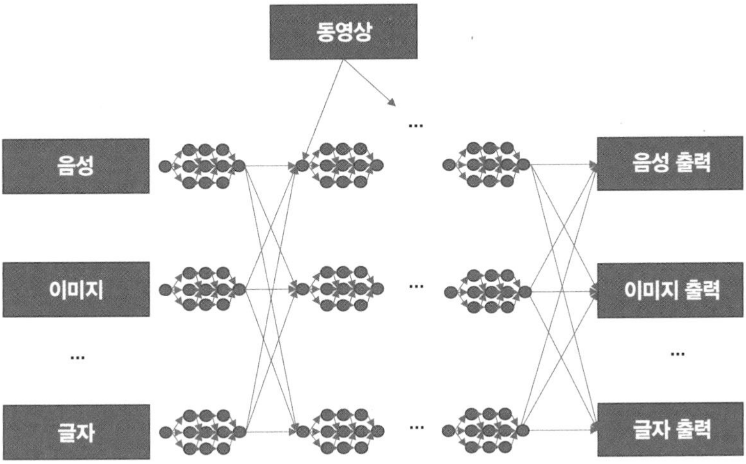

Google은 멀티태스크, 멀티모달 방식을 통해 지금보다 훨씬 사람의 뇌에 가까운 인공지능을 만들 수 있을 거라 기대하고 있다. 일단 멀티태스크 방식을 씀으로써 기존의 학습 결과를 다른 작업을 수행할 때 재활용할 수 있다. 예를 들어 개와 고양이를 구분할 때 얼굴의 생김새 차이를 보는 방법을 배웠다면, 처음 보는 동물을 볼 때도 얼굴이란 개념을 일단 찾아내는 형태로 움직이게 될 것이다. 영어 단어를 공부하면서 이미지를 연상하는 법을 배웠다면, 다음에 스페인어를 공부할 때는 처음부터 이미지 연상법을 통해 단어를 좀 더 금방 배울 수 있을 것이다.

그리고 멀티모달리티를 구현함으로써 좀 더 인간에 가까운 행동을 하도록 만들 수 있다. 예를 들어 사람에게 사과 그림을 보여 주면 누군가는 아삭아삭한 사과를 통째로 한입 베어 물었을 때의 식감을 떠올릴 것이고, 누군가는 빨갛게 물든 고향집 과수원을 떠올릴 것이다. Google의 계획대로 하나의 인공신경망이 더 많은 작업을 한 번에 진행하고, 더 많은 데이터 유형들을 처리할 수만 있다면 사람의 지능에 가까운 AGI의 개발이 허황된 꿈이 아닐지도 모른다.

게임 체인저인가, Nice Try인가? 인공지능 반도체들

우리는 앞서 인공신경망의 역사를 살펴보며 그 능력을 봤고, 딥러닝이라는 방법론의 특성으로 인해 필연적으로 나타나는 인공신경망의 한계를 살펴봤다. 이제 조금 화제를 바꿔 반도체에 대해 알아볼것이다. 반도체 회사들 역시 인공지능 시대에 맞춰 CPU, GPU, RAM등 다양한 반도체를 만들어 내고 있다. 현재 인공지능 반도체의 최강자인 NVIDIA의 GPU는 무엇이며, 이에 도전장을 낸 새로운 반도체들은 어떤 종류가 있는지 그리고 그 빈틈에 대해서도 알아볼 것이다. 이러한 지식을 통해 우리는 각 반도체 및 하드웨어 회사들이 예상하는 미래의 기계학습 환경을 추정해 볼 수 있을 것이며, 나아가 기계학습이 함께하는 소프트웨어 생태계와 하드웨어 회사 사이의 관계가어떻게 재정립될지도 알 수 있을 것이다. 또한 이를 통해 AI 반도체라고만 두루뭉술하게 들어 왔고 완벽한 제품인 것처럼 선전하는 수많은 신형 반도체들이 완벽한 신기술이 아닌, 일종의 선택과 집중의 결과물임을 이해할 수 있을 것이다.

[그림 4-7] 이 장에서 소개될 반도체들의 상대적인 특성 비교

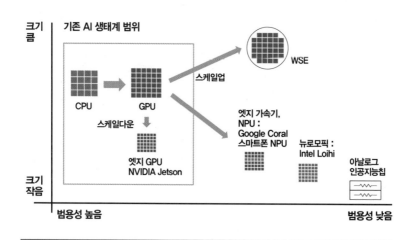

[표 4-1] 각 인공지능 반도체들의 특징 정리

이름	특징
GPU	현재 인공지능 기술의 de facto standard 현세대의 일반적인 상업적 신경망을 타깃으로 함 기존의 인공지능 개발 인프라를 100% 활용할 수 있음
WSE	GPU를 기준으로 수백 배의 사이즈 업 대상 단일 GPU나 다중 GPU 기술로 접근하기 힘든 대형 신경망 타깃 기존 인공지능 생태계에서 상당히 벗어나야 함
PiM	연산기(CPU, GPU 등)와 메모리 사이 비효율을 타깃팅 데이터 이동량이 많은 모든 응용 분야가 목표 기존 생태계에서 쓸 수 있으나 성능을 내려면 호환성 포기 필요

AI 혁명의 미래

전용 가속기	일반 GPU가 들어갈 수 없는 저전력, 소형 기기를 목표로 함
	복잡한 작업 대신 탐지 등 가벼운 인공지능 처리를 목표로 함
	기능을 덜어 내어 기존 생태계와 호환이 상대적으로 힘듦Coral
NPU	스마트폰 등 기존 생태계에 추가되는 형태의 가속기
	이미 사용자에게 익숙한 기기를 지렛대 삼을 수 있음
	생태계 파편화 문제가 있음
뉴로모픽	기존 연산기, 메모리 구조를 인공지능에 더욱 맞춰 개조한 방식
	거대한 범위부터 작은 신경망까지 타깃팅 가능함
	기존 컴퓨터와 구조 자체가 다르므로 생태계 호환이 힘듦
아날로그	디지털 회로의 기본 자체를 포기한 방식
	거대한 범위부터 작은 신경망까지 타깃팅 가능함
	기존 생태계와는 완전히 다른 형태로 운영되어야 함

딥러닝의 마중물: NVIDIA GPU

지난 10년간의 인공지능 산업 발전에서 NVIDIA는 없어서는 안될 가장 중요한 플레이어였다. NVIDIA는 2009년 딥러닝을 위한 하드웨어적인 돌파구를 마련한 뒤부터 지속적으로 딥러닝의 든든한 후원자이자 파트너였다. NVIDIA는 단순히 GPU만을 파는 회사가 아니었다. 딥러닝의 포텐셜을 파악하자 소프트웨어 진영을 지원하기 위해 CUDA를 끊임없이 키워 왔다. 현재 NVIDIA를 중심으로 구성된 머신러닝 개발 환경을 잘 살펴보면 무슨 말인지 이해할 수 있다. 하드웨어도 CUDA, 드라이버도 CUDA, 개발자용 코드 역시 CUDA로 불린다. 하드웨어나 드라이버라는 단어의 뜻은 정확히 모르더라도 이 사실만으로도 NVIDIA가 굉장히 넓은 영역에서 인공지능 산업의 호환성을 책임지고 있다는 것을 짐작할 수 있을 것이다.

NVIDIA의 뛰어난 선견지명은 인텔과 같이 프로그래밍 영역을 주름잡던 거대 회사조차도 심층 학습 분야에서는 후발 주자가 되게 만들었다. CNN합성곱 신경망에 부동소수점—0.112 등 정수가 아닌 숫자들—연산이 많이 필요하다는 걸 알았던 NVIDIA는 여기에 지원을 아끼지 않았다. CNN이 요구하던 부동소수점 연산 능력은 매해 2배 수준으로 연산력을 늘리던 CPU로는 따라가기 쉽지 않았다. 반면 NVIDIA는 동세대 CPU와 비교해도 최대 1000배 수준의 부동소수점 연산 능력을 가진 GPU를 제공하고 있었으며, 이를 인공지능 연구에 최적화된 각종 소프트웨어들과 함께 제공해 준 것이다. 이로 인해 마련된 편리한 환경은 많은 사용자를 끌어들였다.

현재 기계학습 연구원들이 인공신경망을 구성하고 학습하는 데 쓰는 주요한 두 개의 프레임워크(일종의 개발 환경)—Google 텐서플로Tensorflow와 Facebook(현 Meta)의 파이토치PyTorch—는 새로운 CUDA 버전이 출시되면 이것부터 맞춰서 지원한다. 두 기업은 대부분의 사용자가 NVIDIA 기기를 쓸 것을 알고 있기에 CUDA를 우선 지원하는 것이며, NVIDIA는 그 믿음을 깨지 않기 위해 매번 새로운 CUDA—정확하게는 CUDA Compute Capability—가 나올 때마다 NVIDIA를 떠나고 싶지 않도록 멋진 신기능을 추가한다.

NVIDIA가 오랫동안 키워 왔던 CUDA는 머신러닝을 만나 기회를 얻었고, 호환성과 편의성에 힘입어 Google과 Meta의 소프트웨어 개발자들에게 선택받은 것이다. 그리고 두 대기업에서 배출한 수준 높

[그림 4-8] 파이토치의 설치 페이지(pytorch.org) 화면. CUDA 지원이 보인다

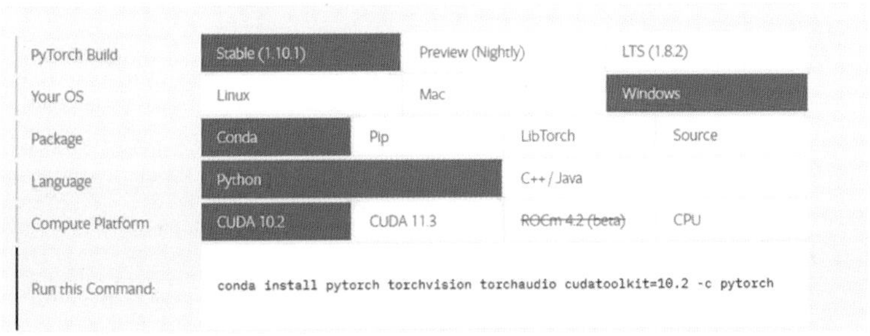

PyTorch Build	Stable (1.10.1)		Preview (Nightly)		LTS (1.8.2)
Your OS	Linux		Mac		Windows
Package	Conda	Pip		LibTorch	Source
Language	Python			C++ / Java	
Compute Platform	CUDA 10.2	CUDA 11.3		ROCm 4.2 (beta)	CPU
Run this Command:	conda install pytorch torchvision torchaudio cudatoolkit=10.2 -c pytorch				

은 개발자들과 오픈소스 진영의 숨은 능력자들이 달려들기 시작하자 툴의 성능과 사용 편의성은 매우 빠르게 개선될 수 있었다.

물론 사용자가 원한다면 텐서플로나 파이토치를 CUDA 이외의 하드웨어, 예를 들면 모바일용 GPU와 결합해 사용할 수도 있다. 문제는 [그림 4-8]처럼 간단히 설치 한 번으로는 사용할 수 없다는 것이다. 왜냐하면 프레임워크를 만드는 Google이나 Meta 역시 세상의 모든 기기를 지원해 줄 수 없어서 가장 인기 있는 기기만 우선 지원해 주는 정책을 펼치기 때문이다. CUDA가 아닌 다른 것으로 머신러닝을 하려는 사람의 숫자는 너무나 적다.

따라서 기존의 프레임워크를 CUDA와 호환되지 않는 스마트폰 등의 기기에 사용하고 싶은 사람들은 프레임워크와 기기(스마트폰 NPU 등)를 연결하는 작업을 스스로 해야 한다. 그런데 앞서 말했듯 이런 작업은 Google이나 Meta 등 쟁쟁한 기업들이 하는 일이다. 매우 고

[그림 4-9] 파이토치 프레임워크의 간단한 구성도

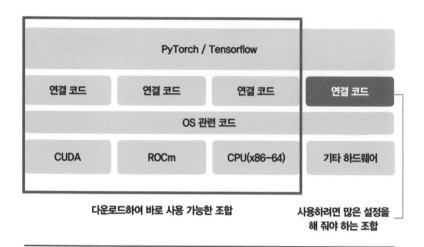

된 일임을 짐작할 수 있을 것이다. 남들이 하지 않던 일을 할 때는 대가가 따른다. 하지만 NVIDIA와 함께 일한다면 대가를 거의 치르지 않을 수 있다. 이미 쌓인 작업물이 매우 많기 때문이다. 세상 모두가 도마와 식칼로 음식을 만들고 요리 레시피도 이에 맞춰 적혀 있는데, 나 혼자 세상에 존재하지 않는 도구로 음식을 하려 한다면 고생하는 것은 당연한 일이다. 새로운 도구는 존재하는 레시피를 바꿔 적는 비용보다 새 도구가 가져다주는 이익이 클 때만 사용해야 한다. 연구원들 역시 CUDA가 아닌 매우 낯선 칩으로 인공지능을 해 왔다면, 이후 이직하는 데 있어서 불리해질 수 있다. 대부분의 기업은 CUDA 경험자를 원하기 때문이다.

그리고 NVIDIA가 차지한 영역은 매우 넓다. 학습 및 거대 인공신경망용 반도체부터 소형 기기용 반도체까지 다양하다. NVIDIA의 젯슨Jetson 솔루션들은 엣지—Edge, 현장과 가까운 곳—용 디바이스들을 위한 수많은 기능을 포함하고 있다. 이러한 방식을 통해 NVIDIA는 컴퓨터 사양이 매우 중요한 학습과 거대한 신경망의 운영부터, 현장에서 빠르게 작은 일을 처리해야 하는 시장까지 광범위하게 영향을 끼치고 있다. NVIDIA는 이 두 영역을 CUDA로 묶음으로써 서버에서 작성한 코드도 젯슨에서 돌아가게 하고 그 반대도 성립하도록 만들었다.[21] 이는 현장의 개발자나 연구원들이 서버에서 개발해 놓은 기존 코드를 거의 수정하지 않아도 엣지에서 거의 즉시 돌려볼 수 있도록 하는 등 편의성을 매우 크게 개선하는 효과가 있다. 이 정도로 하드웨어에서 소프트웨어의 호환성을 세계적인 레벨로 유지시킨 회사는 과거의 인텔 정도밖에 없다.

이 과정에서 NVIDIA는 수익성을 극대화하고 서버, PC와 엣지 사이의 생산량 충돌이 없도록 하는 현명한 행보를 취했다. 서버와 PC에 사용하는 고성능 기기들은 TSMC의 최첨단 공정에서 생산하고, 젯슨은 TSMC의 구형 공정(20나노급)에서 생산하는 것이다. 서버에서 돌아가는 학습은 매우 긴 시간과 많은 전력을 소모하기 때문에 고객 입장에서 첨단 공정을 사용한 칩으로 얻을 것이 많다. 반면 엣지향 디바이스들은 하루 24시간 중 신경망이 돌아가는 시간이 상대적

---

21   현재의 프로그래머들은 Docker라는 툴을 이용해 프로그램을 설치(배포)하고 관리하는 것을 선호한다. NVIDIA는 Docker사가 자사의 GPU를 지원하도록 끊임없이 개선을 유도했으며, 자사의 젯슨 시리즈에서 Docker가 실행될 수 있도록 기기를 개발했다. 이 덕분에 개발자들은 PC에서 작업하는 것과 서버나 젯슨에서 작업하는 것 사이에서 큰 차이를 느낄 수 없다.

[그림 4-10] NVIDIA CUDA 기반 인공신경망의 높은 재사용성

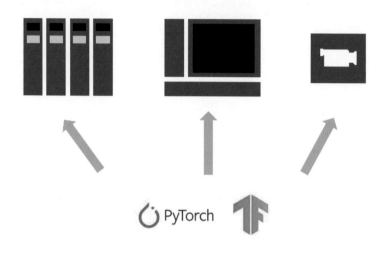

으로 짧거나 신경망의 크기 자체가 작은 경우가 많다. 물론 이런 결정으로 인해 배터리 기반의 기기를 지원하는 것은 다소 힘들어졌으나 이는 TSMC가 공급받을 수 있는 첨단 웨이퍼의 장수가 정해져 있으므로 굉장히 전략적 결정이라고 볼 수 있을 것이다.

이러한 막강한 시장 영향력 덕분에 지금의 머신러닝 시장은 CUDA 없이는 돌아가지 않는다고 해도 과언이 아니다. 심지어 추론 자체는 모바일 AP 등 연산력이 부족한 기기로 하더라도, 학습은 NVIDIA GPU로 하는 것이 당연하게 여겨진다.[22] 이제 소개될 수많은 다른 반도체들을 이해하기 위해서는 일단 NVIDIA를 중심에 놓고

---

22   신경망 학습에 사용한 반도체와 신경망을 통한 추론에 사용하는 반도체는 달라도 된다.

생각해야 한다. 각 반도체는 지금 NVIDIA가 진입하지 못하는 영역을 다룸으로써 새로운 생태계의 조성자가 되려 하거나 NVIDIA와 협력하는 방향으로 움직이려 한다. NVIDIA와 비슷한 영역을 다루면서 수십 퍼센트 정도의 효율만 취하는 방식으로는 살아남을 수 없기 때문이다.

더욱 거대한 스케일로: WSE

NVIDIA의 GPU는 대부분의 기계학습 분야에 사용되고 있지만, 이 기기들이 쉽게 다가가지 못하는 영역들이 있다. 바로 거대한 인공신경망이다. 이론상 인공신경망은 무한대로 크게 구성하고 만들 수 있다. 원한다면 인간의 뇌세포 숫자보다도 훨씬 많은 인공 뉴런들을 연결해 무언가를 해 볼 수 있다. 문제는 실제로 실행해 볼 수 있느냐이다. 칩 위의 트랜지스터는 무한하지 않다. 이로 인해 CPU나 GPU의 연산력도 유한하며, 사용 가능한 메모리 역시 유한하다. 설령 자원들이 무한하다 하더라도, 칩 간 통신에 사용되는 대역폭은 여전히 유한하다. 이는 컴퓨터가 최초로 발명된 시점부터 지금까지 변하지 않은 조건이다.

개발자들은 늘 메모리와 CPU를 아끼기 위해 머리를 싸매야 했다. 문제는 최근의 딥러닝이 요구하는 메모리의 양이 기존의 프로그래밍이 쓰던 양이 변화하는 것과는 비교가 안 될 정도로 빠르게 늘고 있

다는 것이다. 2016년에 출시되었던 NVIDIA P100의 메모리 용량은
컴퓨터들의 평균 시스템 메모리 양(6GB)의 2.5배 수준이었으나 2020
년이 되면 시스템 메모리(9GB)의 9배 가까이 되는 메모리를 장착하
기도 한다는 것을 알 수 있다.

　인공지능 개발에 메모리 용량이 중요하다는 것을 알고 있던
NVIDIA는 메모리 회사들로부터 고밀도, 고대역폭 HBM 메모리를
도입해 사용하고 있다. 문제는 인공신경망 중에는 80GB 수준의 메
모리로는 만족시키기 힘든 작업들이 존재한다는 데 있다. 그 예 중
하나가 자연어처리NLP이다.

[표 4-2] NVIDIA의 머신러닝용 GPU의 메모리 양 변화

출시 연도	기기명	GPU 메모리 크기	PC당 시스템 메모리
2016	P100	16GB	6GB
2017	V100	32GB	7GB
2020	A100	80GB	9GB

　자연어처리는 인공지능이 마치 인간처럼 말하거나 응답하도록 학
습시키는 분야인데, 연구원들은 이 분야가 사물인식 등과 비교해서
난이도가 훨씬 높고 거대한 인공신경망이 필요하다는 것을 알고 있
다. 앞서 살펴본 하이퍼클로바 등 상용화가 진행 중인 NLP신경망은
GPT-3를 기반으로 한다. GPT-3는 최대 1750억 개의 파라미터를 가
진다. 추론용 인공신경망이 일반적으로 수천만~수억 개 수준의 파

라미터를 가지는 걸 생각해 보면 어마어마한 차이임을 알 수 있다. 신경망의 크기를 용량으로 환산하면 350GB 정도 되며, 이는 최신의 A100 카드 한 장으로도 해결할 수 없는 용량이다. 학습하려면 추가로 수십 배의 메모리가 필요하다. 차기 NLP 모델이라고 할 수 있는 GPT-4의 경우 1000조 개의 파라미터를 만들어야 하는 게 아니냐는 이야기가 나오는 지경이다. 무어의 법칙은 2년마다 트랜지스터 밀도가 2배가 된다고 한다. 반도체 발전을 기다려서 GPT-4를 하려면 20년은 기다려야 하는 것이다.

하지만 지금 바로 해 보고 싶다면 과격한 방법론이 필요하다. 연결 가능한 메모리의 양도 늘려야 하고, 거대한 신경망을 빠르게 학습시키기 위한 대규모의 연산기도 필요하다. 또한 칩과 칩 사이의 연결이 쉬워야 한다. 늘 그렇듯 대역폭은 매우 비싸다. 기왕이면 칩 1,000개를 연결하는 것보다는 100개를 연결하는 편이 비용도 싸고 신경망 개발의 자유도도 높아진다. 하지만 여러 칩을 연결해서 쓰는 일은 매우 복잡하다. 당장 인공신경망의 크기가 100GB 정도라면 A100 두 장이 필요하다. 카드 두 장에서 돌아가는 신경망을 만들기 위해서는

[그림 4-11] 아래와 같이 GPU 2개를 완벽히 합치는 것은 불가능하다

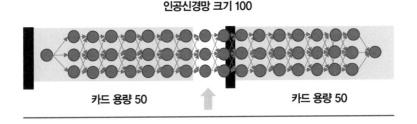

인공신경망 크기 100

카드 용량 50   카드 용량 50

기존 코드를 수정해야 한다.

　이런 빈틈을 노리고 새로운 방법론을 제시하는 여러 스타트업이 존재한다. 더욱 작은 코어에 집중하거나 칩 간 연결에 집중하는 등 다채로운 방법론을 가지고 오는데, 그중 세레브라스Cerebras라는 회사는 아예 웨이퍼 한 판을 전부 연결해 칩으로 만들어 보겠다는 아이디어를 냈다. 거대한 웨이퍼 한 장을 칩처럼 쓰겠다는 아이디어를 이들이 최초로 낸 것은 아니다. 과거에도 웨이퍼 단위의 칩Wafer Scale Integration 시도가 수차례 있었지만 모두 실패했다. 당시에는 웨이퍼 전체에 결함이 없는 것을 전제로 칩을 설계했기 때문이다. 세레브라스는 이런 접근 대신 기존 CPU나 GPU 제조사가 사용하는 것과 유사한 방법으로 웨이퍼 결함에 대응하기로 했다. 결함이 있는 부위를 우회시키고 연결하는 것이다. GPU와 유사한 연산기가 수천수만 개 늘어선 디자인이기 때문에 가능한 방식이다. 만약 칩 전체가 모두 조금씩 기능이 달랐다면 칩의 특정 부위를 끄고 연결만 옮기는 방식은 쓸 수 없었을 것이다. 하지만 모든 부위가 같은 일을 한다면 우회시키면 된다.

　이들의 제품을 요약하자면 머신러닝을 위한 웨이퍼 사이즈의 슈퍼컴퓨터 칩이라 할 수 있다. 2020년 기준 NVIDIA의 가장 거대한 칩은 A100이다. 이 칩은 510억 개 수준의 트랜지스터를 내장하고 있다. A100을 이용해 초거대 신경망을 학습하고자 하면, 사용자는 NVLink라고 부르는 기술을 이용해 A100 카드 여러 장을 케이블로 묶어야 한다. 반면 세레브라스는 웨이퍼 한 장 위의 모든 칩을 연결함으로써 1.2조 개의 트랜지스터를 시스템 하나 안에 몰아넣는 방식을 취했다. 세레브라스는 A100 1개~10개로 구현 가능한, NVIDIA와 경쟁이 붙을 수도 있는 '조금 큰' 신경망은 포기하고, 대신 A100 100개~1,000개로도 다가가기 힘든 시장을 차지하려는 것이다.

이러한 거대한 칩은 거대한 인공신경망을 다뤄야 하는 연구원들 입장에서는 상당히 쓰기 편한 물건이 될 수 있다. 앞서 말했듯 현재 거대한 신경망을 구현하기 위해서는 GPU를 여러 형태로 물리적으로 묶어야 하는데 이는 상당히 힘든 일이다. 인공신경망 학습에 신경 쓰기도 바쁜데, 컴퓨터 아키텍쳐도 신경 써야 하기 때문이다. 수백 개의 컴퓨터와 GPU를 각종 케이블로 묶고 제 성능을 끌어내는 것 자체가 매우 어려운 작업이다. 이러한 시스템들은 특징상 예비 컴퓨터를 만드는 것이 불가능하기 때문에 매우 엄중하게 관리되어야 한다. 뿐만 아니라 이런 일을 해낼 수 있는 엔지니어들은 생각보다 채용 시장에 많지 않다. 이런 상황을 보여 주기라도 하듯 네이버의 하이퍼클로바 역시 최초 소개에서 하드웨어 구성 부분을 크게 다루기도 했다.

인공신경망을 연구하는 사람 입장에서도 복잡하게 연결된 슈퍼컴퓨터를 받으면 번거로워진다. 200ml 컵 10개가 있는 사람이 500ml 우유를 따른다고 해 보자. 비록 내가 가진 컵의 총용량은 2,000ml(200ml 10개)지만 500ml의 우유를 한 컵에 부을 수는 없다. 마찬가지로 여러 카드를 연결해 만든 슈퍼컴퓨터의 경우 하드웨어 디자인의 한계로 인해 해선 안 되는 신경망 구성들이 생겨나게 되며, 억지로 구현해 볼 경우 예상과는 달리 성능이 급락하는 일이 발생할수 있다. 세레브라스는 이런 시장을 파고든 것이다. 세레브라스의 칩

[그림 4-12] 웨이퍼 기반 대형 솔루션의 장점. GPU 간 연결 구조를 고려하지 않아도 된다

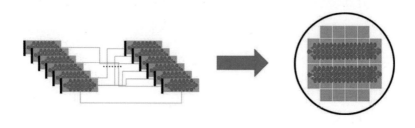

은 CUDA라는 편안한 대지를 떠나는 대가로 CUDA에서는 경험해 보기 힘든 거대한 인공신경망을 다룰 수 있게 해 주는 것이다. 아직 이 지역은 무인 지대이기 때문이다. 최소한 아예 해 볼 수도 없으리라 여겼던 것을 가능하게 해 주는 것이 아닌가?

물론 그렇다고 세레브라스의 미래가 마냥 밝은 것만은 아니다. 아직은 인공지능 학계 스스로가 해결하지 못한 문제도 남아 있고, 세레브라스가 거대한 서비스 시장의 일원이 되기 위해서는 갖춰야 할 것도 많다. 더불어 저자를 포함한 일부 현직자들은 현재 자연어처리 모델인 GPT-3, GPT-4에 의구심을 품고 있다. 정확하게는 거대 인공신경망이 제 역할을 할 수 있는가와 경제성 있게 동작할 것인가에 대한 의문이다. 수차례 살펴본 것처럼 거대한 인공신경망은 연산 자원도 크게 필요하고, 세상 변화에 맞춰 빠르게 학습시키기도 힘들다. 학습에 수개월이 걸리는 신경망이 하루 만에 생겨나기도 하는 유행어를 알아채고 이에 맞춰 무언가 해낼 수 있도록 학습될 수 있을 것인가?

하루 단위의 큰 이벤트로 인해 변화하는 특정 상품의 판매량을 예상하거나 특정 후보의 지지율을 예상할 수 있을까? 세레브라스와 같은 회사가 신경망의 학습 시간을 몇 분의 1로 낮춰 1개월로 단축시켰다고 한다면, 과연 1개월은 시장의 유행을 따라가기에 충분한 시간일까? 세레브라스만이 학습시킬 수 있는 레벨의 거대한 신경망은 부가가치를 얼마나 만들어 낼 수 있을까?

이런 문제들에 대한 해결책은 세레브라스가 스스로 해결할 수 있는 것이 아니다. GPT-3와 그 이후에 나올 거대한 신경망들은 아직까지 시장에서 자신의 수익성을 증명해 내지 못했다. 다만 만에 하나라도 누군가 거대한 신경망을 통해 어마어마한 부가가치를 얻어 낼 수 있는 상품을 만들어 낸다면 세레브라스만이 사업가들의 선택지가 될 것이다. 혹은 자연어처리 모델들이 실패하더라도 거대한 인공신경망만이 해낼 수 있는 일이 있다는 것이 증명만 된다면 이들에게는 멋진 미래가 기다리고 있을 것이다.

가속기를 위한 가속기: PiM

2021년 삼성전자는 최초의 PiM 메모리를 선보였다. PiM은 Process-in-Memory의 약자로, 말 그대로 메모리 안에서 무언가를 처리한다는 의미이다. 늘 그렇듯 이런 새로운 개념들은 여러 이름을 가지고 있는데 IMP In-Memory Processing 등도 비슷한 콘셉트다.

[그림 4-13] 폰 노이만 구조. 쓰기와 읽기 요청은 모두 CPU가 보낸다

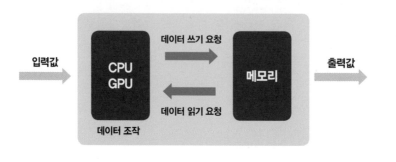

일반인들은 이런 이야기를 들으면 혼란이 올 수 있다. '그러면 지금까지는 메모리에서 무언가 하는 것이 아니었나?' 하는 생각이 들 것이다. 그렇다. 메모리는 말 그대로 데이터를 저장하거나 저장된 데이터를 요구하면 그대로 전달해 주기만 한다. 현실의 CPU, GPU와 같은 연산 반도체들은 [그림 4-13]과 같은 방식으로 동작한다.

메모리와 연산 반도체의 관계는 창고와 공장의 관계와도 같다. 창고의 물건을 공장으로 보내 가공하는 것이다. 차이가 있다면 연산 반도체는 현실의 공장과는 달리 원하는 결과물을 얻기 위해 물건이 창고에 갔다가 연산 반도체로 왔다가 하는 과정을 수십 번 반복해야 한다. 만약 누군가가 특정 값A에 4를 곱한 뒤 여기에 3을 더한 값을 7로 나눠야[(4A+3)/7] 한다면, 값이 메모리와 연산 반도체 사이에서 최대 3번 오가야 한다.

이런 문제를 알기 때문에 현실의 CPU나 GPU는 캐시 메모리라는

AI 혁명의 미래

일종의 재공품 창고를 가지고 있다. 창고는 너무 멀기 때문에 연산 반도체 안에 작고 가까운 창고를 두는 것이다. 문제는 인공지능 기술이 떠오르면서 캐시 메모리로 감당하기 힘들 정도로 데이터 입출력이 커졌다는 것이다. 캐시 메모리는 이미 연산 반도체 면적의 약 30%를 차지하고 있다. 문제는 이렇게 면적을 키워도 인공지능 학습이 요구하는 용량의 수 퍼센트도 감당하지 못한다는 데 있다. 설계 구조상 연산 반도체 내의 캐시 메모리는 메모리 회사가 만드는 D램의 밀도를 따라갈 수가 없다. 땅값이 비싼 곳에 거대한 물류창고를 지을 수는 없는 것이다.

HBM과 같은 고대역폭 메모리는 이와 같은 문제를 해결하기 위해 등장한 것이다. 창고와 공장의 거리를 좁힐 수 없다면 일단 길이라도 넓게 내 보는 것이다. HBM이 많은 문제를 해결하긴 했지만 아직 근

[그림 4-14] HBM 2의 실제 모습

본적인 문제는 남아 있다. 고대역폭 메모리는 '비가 많이 오므로 와이퍼를 더 빨리 움직이겠다'에 가까운 해결책이다.

이러한 문제를 해결해 줄 수 있는 것이 PiM이다. 현재 딥러닝은 막대한 양의 데이터를 처리하는데 그중 상당 부분이 사진이나 음악 등의 파일 전반에 단순한 산술연산을 가하는 것이다. PiM은 앞서와 같은 작업 중 상당 부분을 메모리가 스스로 처리하도록 함으로써 전체 소비 전력은 아끼고 성능은 높인다. 가상의 예를 들어 보자. 특정 자재 1만 개를 공장에서 가공해야 하는데 이 자재로 완제품을 만들기 위해서는 절단 2회, 도색 1회가 필요하다. 앞서 설명한 공장 모델에서는 [그림 4-15]와 같은 과정으로 제품이 완성된다. 원자재, 재공품, 완제품이 여러 차례 공장과 창고 사이를 움직여야 함을 알 수 있다.

여기서 누군가가 절단이 2회임에 착안하여 창고에 절단기를 가져다 뒀다고 하자. 이 경우 [그림 4-16]과 같이 절차가 확연히 줄어듦을

[그림 4-15] 가상의 공장에서 제품을 가공하는 모습

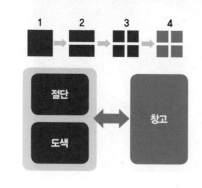

처리해야 할 원자재: 1만 개

· 창고에서 자재 1을 공장으로 전송
· 공장에서 자재 1 절단(1 → 2)
· 공장에서 창고로 재공품 1 전송
· 창고에서 공장으로 재공품 1 전송
· 공장에서 자재 1 절단(2 → 3)
· 공장에서 창고로 재공품 1 전송
· 창고에서 공장으로 재공품 1 전송
· 공장에서 자재 1 도색(3 → 4)
(⋯) 9999회 추가 반복

AI 혁명의 미래

[그림 4-16] PiM 공장에서 완제품을 만드는 모습

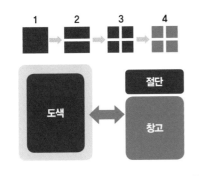

처리해야 할 원자재: 1만 개
· 창고에서 자재 1 절단(1 → 2)
· 창고에서 자재 1 절단(2 → 3)
· 창고에서 공장으로 재공품 1 전송
· 공장에서 자재 1 도색(3 → 4)
· 공장에서 창고로 완제품 1 전송
(…) 9999회 추가 반복

알 수 있다.

PiM이 노리는 분야는 연산용 칩이 주로 하던 일 중 큰 논리적 판단 없이 대규모 작업을 필요로 하는 부분들이다. 연산용 칩은 정말 중요한 일을 하고, 덧셈 1만 번과 같은 간단한 일은 메모리가 외주를 맡아 주겠다는 것이다. 이는 2000년대 초반 GPU가 CPU로부터 그래픽 처리를 맡아 오게 된 것과 같은 현상이다. 미세공정의 어려움으로 인해 값싸고 전력을 적게 쓰는 트랜지스터를 확보하기가 어려워져 가는 이상 칩 간 분업화는 피할 수 없다.

이 제품은 시장에서 매우 독특한 포지션을 취하게 될 것이다. PiM은 CPU와 GPU 사이 성능 갭을 줄여 주므로 CPU에게는 확실히 이익이다. 하지만 GPU에게는 전력대 성능비를 상승시킬 수 있는 도구이면서 자기 할 일을 일부 뺏는 협력자이자 경쟁자가 될 것이다. GPU가 잘하는 일과 PiM이 잘하는 일이 상당수 겹칠 수밖에 없기 때문이다.

메모리 회사 입장에서 PiM은 훌륭한 미래 성장 동력이 될 수 있다. 일단 이런 물건이 필요한 영역은 대용량 메모리가 필수적이기 때문에 많은 메모리를 팔 수 있게 된다. 주어진 사양 안에서 성능을 높이지만 메모리 필요량을 줄이는 존재는 아닌 것이다. 하지만 이런 제품을 상용화하기 위해서는 고객과의 커뮤니케이션이 매우 중요하다. 기존 메모리와 CPU/GPU의 역할 분담을 변화시키는 칩이기 때문에 OS부터 전체 시스템, 프로그램까지 상당한 변화가 필요하다. 기존에 쓰인 수많은 프로그램은 메모리 안에 연산기가 있다는 것을 전제하지 않고 있다. 기존 프로그램에 PiM을 그대로 사용해 봤자 아무 효과가 없다. 고객들에게 PiM을 위한 프로그램과 주변 환경을 갖출 이유를 충분히 설명하고, 혁신을 원하는 고객을 적극적으로 도울 필요가 있다.

소형 기기는 누가 하는가: 엣지 가속기

각종 인공지능 디바이스는 서버 컴퓨터나 연구원의 데스크톱 컴퓨터에만 필요한 것이 아니다. 인공지능 기반의 서비스를 디자인하다 보면 현장에서 빠르게 처리하는 것이 나은 정보와 대규모 연산 자원을 통해 분석해야 하는 정보가 나뉜다는 것을 알 수 있다. 예를 들면, CCTV로 화재 감시를 해야 할 경우 CCTV의 영상 전체를 클라우드 서버로 전송하면 상당한 비용이 든다. CCTV 한 대당 초당 1MB가 필요하다고 했을 때 CCTV 100대를 사용할 경우 1Gbps 네트워크가 필요하다. 데이터센터의 1Gbps 전용 회선 비용은 월 1000만 원대이다. 반면 CCTV 100대의 임대료는 서비스의 질마다 다르지만 월 100만 원 수준이다.

부담스러운 회선 비용을 아낄 수 있는 방법이 있다. 카메라 내부에 인공신경망을 탑재하여 의심스러운 상황이 발생했다고 판단될 때만 서버로 전송하게 만드는 것이다. 이후 더 세밀한 분석은 서버의 정밀한 고성능 신경망이 맡는다. 대부분의 경우 카메라에는 의심스러운 정황이 보이지 않으므로 네트워크 사용량이 크게 줄어든다.

현재 이 분야는 NVIDIA가 젯슨 나노와 같은 저전력 기반의 디바이스로 대응하고 있다. 하지만 이 기기들은 여전히 배터리 기반의 디바이스에서 사용하기에는 전력 소모량이 크다. NVIDIA 칩 중 가장 전원 소모량이 적은 젯슨 나노조차도 5W~10W 정도의 전력을 소모하는데, 이는 용량이 큰 휴대용 배터리를 4시간[23] 안에 고갈시킬 수 있는 양이다.

물론 이 10W에 따라오는 혜택은 상당하다. 컴퓨터를 자주 쓰지 않는 사람은 리눅스 PC로 써도 될 정도로 지원이 충실할 뿐만 아니라 인텔 CPU 기반으로 작업하던 인공신경망을 그대로 가져와 가동시킬 수도 있다. 원한다면 무거운 개발자 도구를 설치해 바로 디버깅할 수도 있다. 하지만 여전히 전원을 공급받을 수 있는 곳에 부착되어 있

---

23 EB-U1200 휴대용 배터리 기준. 총 38.5Wh의 용량을 가졌으므로 10W로 지속 가동 시 3.85시간 사용할 수 있다. 참고로 일반적인 스마트폰 배터리의 용량은 12~16Wh 정도다.

어야 사용할 수 있다. 즉 NVIDIA가 노리는 인공지능 영역의 하한선은 최소한 신뢰성 있는 전원이 존재하는 곳—전원 케이블, 자동차 등—이다. 인간이 편히 휴대할 사이즈는 되지 못하는 셈이다.

이런 빈틈을 노리고 사용 전력을 1W 근처로 유지하는 디바이스들이 나타나기 시작했다. 그중 한 예는 Google의 코랄Coral USB이다.

이 기기는 알파고에 사용했던 TPU를 더욱 소형화한 것으로 전력 사용량이 최고 2W밖에 되지 않으면서도 최대 연산 가능량은 초당 4TOPS—초당 4조 회의 연산—이다.[24] 이는 코랄이 연산할 수 있는 형태(정수형)의 인공신경망을 사용할 경우 젯슨 나노와 맞먹는 연산 능

[그림 4-17] Google TPU를 바탕으로 개발된 Coral USB

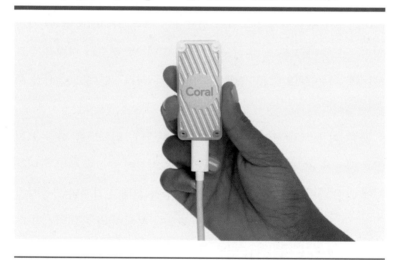

출처: coral.ai

---

24 단 개별 연산의 정밀도는 NVIDIA의 1/2~1/4밖에 되지 않는다.

력을 보여 줄 수 있다는 의미이다. 물론 현재 존재하는 대부분의 인공신경망은 정수형을 바로 쓸 수 없으므로 양자화Quantization라는 과정을 거쳐야만 코랄에서 사용할 수 있다. 이 과정에서 인공신경망의 정확도가 크게 감소할 수 있다. 즉 잘 동작하던 인공신경망을 코랄에 옮기면 문제가 생길 수도 있는 것이다. Google 역시 이 사실을 알고 있어서 주요한 인공신경망들이 코랄에서 동작했을 경우의 각종 성능 지표를 공개하고 있다.

즉 이러한 기기들은 NVIDIA가 노리지 않는 초저전력의 추론 영역을 노리기 위해 편의성과 정확도를 포기한 셈이다. 초저전력 영역

[표 4-3] 주요 기기별 연산 가능한 자료형의 종류

기기 종류	Edge TPU	젯슨 나노	NVIDIA A100
8비트 정수(INT8)	O	O	O
16비트 실수(FP16)	X	O	O
32비트 실수(FP32)	X	O	O
16비트 뉴럴(BF16)	X	X	O

[표 4-4] Coral TPU는 아래와 같은 소수점은 연산하지 못한다

0.183	−0.001	0.124	...
−0.1	0.853	0.016	
−0.003	0.973	0.002	
	...		

에선 10W 소모조차 부담스럽다. 인텔 CPU가 인공지능에서 전성비에 밀려 GPU에게 밀려났듯, GPU 역시 초저전력 영역에서는 소형 가속기들에게 밀려날 수 있는 것이다. 어차피 대규모 학습이나 연산력이 크게 필요한 인공신경망 기반의 추론은 NVIDIA 칩이 할 것이고, 소형 가속기들은 스마트폰이나 각종 IoT 기기 등과 결합되어 인공지능 추론 가속이 필요한 경우에 사용되는 형태가 될 것이다.

휴대 기기 속 인공지능 경쟁: NPU

인공지능을 상용화하려는 노력은 새로운 반도체들을 통해서만 이뤄지는 것은 아니다. 스마트폰이나 노트북 등에 인공지능을 적용하려는 노력도 끊임없이 이어지고 있다. 이 기기들은 1년에 수억 대씩 팔릴 뿐만 아니라 전 세계인의 삶에 필수 요소가 되었다. 놓칠 수 없는 거대한 시장인 셈이다. 작은 폼팩터의 인공지능 성능을 높이기 위한 수단 중 하나로 NPU라고 부르는 IP를 칩에 결합한 뒤 제품에 적용하는 시도가 계속되고 있다.

이 분야에 먼저 도전장을 내민 것은 스마트폰 AP 업체들이다. 스마트폰의 카메라 앱은 사용자들에게 인공지능 맛을 보여 주기엔 더없이 좋은 예시이다. 카메라는 사람들이 스마트폰을 쓰는 중요한 이유 중 하나이다. 당연히 카메라 품질 향상, 원치 않는 이미지 수정 기능 등 카메라의 사용성을 개선하는 소프트웨어는 인기를 끌 수밖

AI 혁명의 미래

에 없다. 퀄컴은 헥사곤_{Hexagon}이라고 부르는 NPU를 자사 AP에 결합했다. 삼성전자 역시 NPU 조직을 만들어 자사 엑시노스 프로세서에 적용했다. 이러한 흐름은 중화권 업체들에게서도 발견되고 있다. Apple 역시 이러한 흐름을 함께하고 있다. Apple은 이미 A12 칩부터 자체 설계한 NPU를 장착했으며, 이를 통해 얼굴 인식 속도 개선과 카메라 앱 개선 등 많은 일을 해내고 있다. Apple은 라이다_{LIDAR} 등의 센서 결합에도 적극적이기 때문에 이후 인공지능으로 더 많은 것을 해낼 수 있을 것이다.

노트북 시장도 마찬가지다. 인텔이 2023년으로 예정된 메테오 레이크_{Meteor Lake} 프로세서에 VPU라고 부르는 인공지능 가속기를 적용한다는 이야기가 나오고 있다. 대형 컴퓨터 회사들이 노트북에 인공지능 기반의 기능을 추가하려는 상황이라 인텔 역시 발을 맞추고 있는 것이다. 노트북도 스피커, 카메라 등 센서류가 충실하므로 인공지능을 통해 할 수 있는 일이 많다.

수많은 반도체 회사가 앞다투어 자신의 칩에 NPU를 적용하고 있다. 하지만 잘 찾아보면 휴대 기기의 대명사 스마트폰조차 인공지능을 사용하는 앱의 수가 적다는 것을 알 수 있다. 스마트폰 앱이 AP에 장착된 인공지능 엔진을 쓰는 경우는 앞서 말한 카메라 앱이나 각종 사용자 인증 기술 정도다. 앱스토어에서 NPU를 사용하는 앱을 찾기는 매우 힘들다. 이는 NPU 생태계의 파편화 때문이다.

현재 각 회사들의 NPU 간 관계는 NVIDIA GPU와 AMD GPU 간 관계와 같다. NVIDIA GPU를 위해 짜인 코드는 AMD GPU에서 수행

되지 않는다. 마찬가지로 삼성 NPU용으로만 만들어진 프로그램은 퀄컴 NPU가 실행시킬 수 없다. 소프트웨어 개발자가 두 기기를 전부 대응하기 위해서는 양쪽 코드를 전부 대응시켜야 한다.

물론 이런 상황을 알고 Google 역시 NNAPI 등을 이용해 스마트폰 개발자들이 인공지능을 쓰기 쉽게 해 주고자 노력하고 있지만 쉽지 않은 상황이다. Google이 AP 제조사들에게 자신의 말을 들으라고 강요할 수 없기 때문이다. 여기에 Apple 자체 반도체까지 끼어든다면 더욱 상황은 곤란해진다. 지금도 스마트폰 앱 개발자들은 Apple 용 앱, 안드로이드용 앱을 따로 검증해 배포하고 있다. 이런 상황에서 인공지능으로 앱 좀 개선해 보겠다고 NPU를 쓰기 시작하면 앱이

[그림 4-18] 앱이 인공지능 가속기를 사용하는 방법. 두 방법 모두 단점이 있다

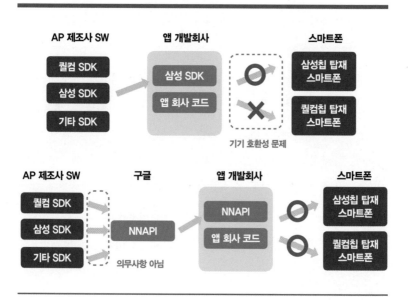

AI 혁명의 미래

퀄컴 칩용 앱, 삼성 칩용 앱, Apple용 앱 등으로 늘어나 할 일이 기하급수적으로 늘어날 것이다.

[그림 4-19] 스마트폰 AP별 신경망 성능 비교[25]

(단위 : ms)	MobileNet-V2	Inception-V3	MobileNet-V3 Large	EfficientNet-B4	LSTM	MobileBERT	Yolo-V4 Tiny	CRNN	DeepLab V3+	SRGAN
Snapdragon 8 Gen 1	1.4	5	4	34	2.1	10	4.5	5.6	25	58
Dimensity 9000	2.3	9.2	6.9	15.1	8.1	42.4	5.3	9.3	34.3	71.3
Snapdragon 888 Plus	7.5	30	21	96	4	398	21	32	117	234
Google Tensor	2.2	9.6	7.1	47	10	18	5.7	7.9	78	389
Exynos 2100	5	42	11	41	15	161	16	90	85	255
HiSilicon Kirin 9000	11.4	59.8	19.9	50.8	10.5	128	29.6	100	88	221

심지어 호환성 문제가 해결되어도 문제가 남는다. 일단 앱을 만들어 각 스마트폰에서 실행시키는 데 성공했더라도 NPU마다 잘하는 일이 달라서 앱에 사용할 인공신경망 구조를 택하는 것도 어려워지게 된다. [그림 4-19]는 각 스마트폰 AP별 인공지능 벤치마크 결과의 일부이다. 세로 방향은 2020년에서 2022년 사이 출시된 하이엔드급 스마트폰 AP이며, 가로 방향은 다양한 인공신경망에서 스마트폰이 얻은 점수이다. 작업 수행 소요 시간이므로 낮을수록 좋다. 결과를 보면 알 수 있지만 각 AP 간 동일 종목에서의 결과 차이가 매우 크다. 특히 MobileBERT의 경우 세로축 방향으로 최대 40배 가까이 차이가 난다. 이는 특정 앱 개발사가 MobileBERT를 사용하는 앱을 개발했다면 고작 1세대 차이뿐인 스마트폰에서 40배 가까이 성능 차이가 날 수 있다는 의미이다. 이러한 문제들은 앱 개발과 런칭을 힘들

---

25 https://ai-benchmark.com/ranking_detailed.html, 일부 자료 차용 뒤 테이블로 재가공, Retrieved 2022. 6. 17.

게 한다. 많이 팔린 스마트폰을 중심으로 그럭저럭 돌아갈 수 있도록 앱을 만들어야 하는데 해야 할 일이 너무나 많은 것이다. 이는 마치 시험 총점이 비슷한 아이들을 모아 놓고 입시학원 교육과정을 짜는 것과 비슷하다. 총점은 같은데 수학을 못하는 아이, 국어를 못하는 아이 등이 뒤섞여서 단일한 교육과정을 짤 수 없는 상황이다. 이로 인해 일반 앱 개발자들이 NPU를 기피하게 되는 것이다.

스마트폰과 노트북은 이미 상용화되어 있다. 이 시장의 인공지능 반도체를 장악할 경우 스마트폰 기기뿐만 아니라 앱 시장까지 폭넓은 영향력을 발휘할 수 있다. 하지만 이를 위해서는 일단 천하 통일이 크게 이뤄질 필요가 있다. PC와 서버 기반 인공지능 학습에서 CUDA가 잘되는 이유는 CUDA가 천하를 통일했기 때문이다. 스마트폰 AP 시장의 경우 플레이어들이 다들 생존할 만큼의 규모를 갖추고 있다. 인공지능 반도체 시장을 잘 예측하기 위해서는 이 시장에서의 교통정리가 향후 어떻게 이뤄질지를 주의 깊게 지켜봐야 할 것이다.

컴퓨터를 넘어서: 뉴로모픽 칩

지금까지 살펴본 반도체들은 폰 노이만 구조를 따랐다. 쉽게 말하면 전부 메모리와 연산기로 구성된 것이다. 그 연산기가 분기 제어에 능하든가CPU 단순 덧셈과 곱셈을 잘하든가GPU 특정 자료형의 곱만 잘 처리하든가Google TPU 하는 차이만 있었을 뿐, 메모리에서 값을 가져와

처리한 뒤 다시 메모리에 값을 적어 넣는 방식을 사용한다는 점에서
는 동일했다. 그래서 이 모든 칩은 메모리 입장에서 전부 같은 것이
다. 음식 배달 요청이 들어오면 주문자가 누구이건 음식을 요리해 서
빙해 준다. 손님이 한 번에 많이 시키느냐, 적게 시키느냐, 빨리 배달
되는 것을 선호하느냐 아니냐 정도의 차이만이 존재할 뿐이다.

그렇다면 여기에 사용된 메모리들은 대체 무엇을 담은 것일까? 사
실 이들은 대부분 특정 숫자에 곱하고 더해 줄 숫자들을 단순하게 저
장하고 있을 뿐이다. 동일한 인공신경망을 구동하고 있다면 신경망
을 CPU로 구동하건 GPU로 구동하건 동일한 값들이 메모리에 들어
있다고 생각하면 된다. [그림 4-21]은 연구원이 구동하고자 하는 인

[그림 4-20] 메모리에게 CPU, GPU 등 연산칩은 모두 유사한 존재이다

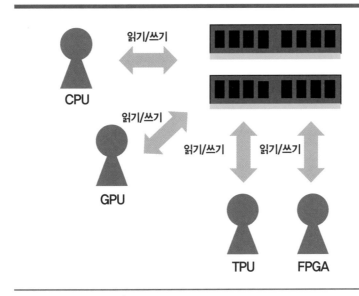

공신경망의 모식도(좌)와 실제로 GPU(CPU 등)가 작업하는 순서(우)를 나타낸 것이다. GPU 내부에 실제로 뉴런이 존재하는 것이 아니고, 메모리에서 뉴런을 나타내는 값들을 읽어 와 연산하고 결과를 다시 메모리에 적는 방식임을 알 수 있다. GPU의 CPU의 차이는 이와 같은 연산을 수천 개 단위로 할 수 있느냐 없느냐의 차이일 뿐이다.

기계학습이 크게 성공하면서 인공신경망의 뉴런 개수를 늘리면 무언가 더 해낼 수 있지 않을까 하는 기대가 커졌다. NVIDIA의 GPU 는 인공신경망 연산에서 가장 성공적인 반도체이지만, 그 근본은 [그

[그림 4-21] 연구원이 구동하고자 하는 뉴런(좌)과 이를 수행하기 위해 GPU 가 작업하는 순서(우)

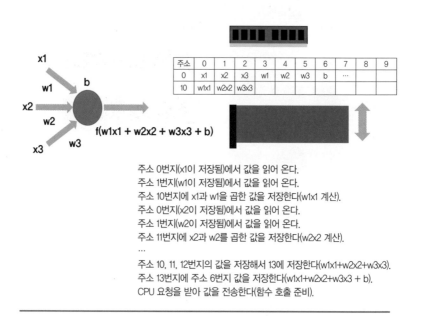

주소 0번지(x1이 저장됨)에서 값을 읽어 온다.
주소 1번지(w1이 저장됨)에서 값을 읽어 온다.
주소 10번지에 x1과 w1을 곱한 값을 저장한다(w1x1 계산).
주소 0번지(x2이 저장됨)에서 값을 읽어 온다.
주소 1번지(w2이 저장됨)에서 값을 읽어 온다.
주소 11번지에 x2과 w2를 곱한 값을 저장한다(w2x2 계산).
...
주소 10, 11, 12번지의 값을 저장해서 13에 저장한다(w1x1+w2x2+w3x3).
주소 13번지에 주소 6번지 값을 저장한다(w1x1+w2x2+w3x3 + b).
CPU 요청을 받아 값을 전송한다(함수 호출 준비).

AI 혁명의 미래

림 4-21]과 같이 여전히 숫자 연산을 대규모로 하는 칩일 뿐이다. 그래픽 처리 등을 위한 부분, 범용 연산을 위한 각종 회로가 필요할 수밖에 없다. 이로 인해 정해진 면적에 더 많은 신경망을 집적하기 위해 좀 더 과격한 방식을 취하고자 하는 회사들이 나타나기 시작했다.

WSE처럼 스케일을 웨이퍼 레벨로 키운다거나 엣지 기기용 칩처럼 일부 연산을 포기하고 크기를 줄이는 것을 넘어 아예 연산용 반도체가 당연히 전제하는 부분을 뒤집어 보겠다는 회사들도 나왔다. 먼 과거에도 이런 아이디어들이 있었으나 인공신경망의 실용성 자체가 증명되지 않았기 때문에 진척이 없었다. 인공지능이 잘되지 않는데 기존 칩을 뒤엎은 새로운 인공지능 칩을 만들 이유가 있는가? 하지만 NVIDIA와 인공지능 분야의 선구자들이 돌파구를 연 것이다.

이로 인해 사람들은 다른 건 안 되더라도 인공지능에 도움 되는 칩에 관심을 가지기 시작했다. 이러한 반도체 중 하나는 뉴로모픽 **Neuromorphic** 반도체들이다. 앞서 살펴본 칩들과는 달리 애초에 메모리-연산기 관계 자체가 없고, 칩의 설계 자체가 신경망에 가깝다.

2021년 인텔은 Intel 4 공정[26]으로 로이히 2$_{Loihi\ 2}$라는 뉴로모픽 칩을 선보였다. 이 칩은 새끼 손톱만 한 작은 사이즈이며 이 안에는 100만 개 정도의 인공 뉴런이 빼곡히 늘어서 있다. 또한 최대 1.2억 개의 뉴런 간 연결 구조를 만들 수 있게 디자인되어 있다. 이는 GPU 기반으로 가동되는 뉴럴넷과는 완전히 다른 형태이다. [그림 4-21]에

---

26 과거에는 Intel 7nm 공정으로 알려져 있었다. 인텔 최초의 EUV 공정이다.

서 살펴봤듯 기존 GPU를 기반으로 인공신경망을 시뮬레이션할 때는 GPU의 트랜지스터들과 인공신경망 사이에 강력한 연관관계가 없다. 하지만 로이히와 같은 칩은 이미 물리적인 형태 자체가 신경망에 가까운 구조를 가지고 있다.

예를 들어 A100 GPU를 통해 인공 뉴런을 시뮬레이션할 수 있다. 시뮬레이션하는 개수가 1억 개든 1000만 개든 A100 GPU 내부에는 6,912개[27]의 코어가 있다. 쉽게 말하면 인공 뉴런 1억 개를 구동하면 1000만 개를 구동했을 때 대비 10배 정도 느리단 의미다. A100은 단위 동작당 수천 개의 뉴런 동작만을 계산할 수 있을 뿐이다. 하지만 인텔 로이히와 같은 뉴로모픽 칩은 트랜지스터들이 뉴런 자체에 대응하도록 만들어져 있다. 개별 소자들은 뉴런을 구성하는 요소이며, 1번 뉴런은 특정 물리적 위치에 자리한다. GPU 기반의 뉴럴넷과 뉴로모픽 칩을 비유하자면 '컴퓨터에서 인간을 시뮬레이션하는 것'과 '소재만 다른 인간을 만든 것'으로 비유할 수 있다. GPU에서 인공신경망을 운영하는 것이 존재하지 않는 무언가를 시뮬레이션한 것이라면 뉴로모픽 칩에서의 인공신경망은 단백질과 지방으로 된 인간의 뇌세포를 웨이퍼로 만든 것이다.

이런 칩들은 당연히 전력 소모도 적고 속도도 빠르다. 로이히 2의 크기는 31mm²로 NVIDIA A100 GPU의 1/25밖에 되지 않는다. 만약 NVIDIA A100과 동일 면적으로 만든다면 로이히 2는 HBM 같은 고

---

27 A100의 연산 코어 개수

[그림 4-22] GPU와 뉴로모픽 칩의 차이

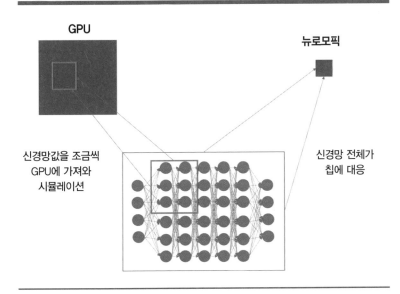

가 메모리가 없음에도 무려 30억 개가 넘는 뉴런 간 연결 관계를 처리할 수 있다. 외부의 DRAM과 통신할 일이 없으므로 전체 시스템의 구조도 더 간단해질 수 있다.

생태계가 잘 갖춰진다면 이런 뉴로모픽 칩들은 상당한 영향력을 발휘할 것이다. 일단 전체 시스템의 크기가 기존 GPU에 기반한 시스템보다 훨씬 작아질 수 있으며 처리량과 정확도도 뛰어날 것이다.

그럼에도 이런 칩이 자리를 잡지 못한 이유는 생태계 구성이 어렵고 아직 인공신경망이 필요로 하는 기능이 얼마나 많은지 모르기 때문이다. 인공지능 생태계가 발전함에 있어 CPU나 GPU가 가진 유연함은 굉장히 중요했다. 지금이야 32비트 단위로 학습하고 그 신경망을 16비트 단위로 정확도를 낮춰 추론에 사용하는 것이 일반적이지만[28] 이런 수많은 상황을 실험하고 최적의 결과를 알아보기 위해서는 연구원들이 가지고 있는 개별 하드웨어가 다양한 기능을 지원해야만 한다.

즉 로이히와 같은 제품은 결단력 있고 자신들이 하고 싶은 일이 명확한 주체들이 도입할 수 있는 것이다. 이는 과거 자동차의 역사와도 비슷하다. 과거의 자동차는 3륜차, 4륜차 같은 다양한 시도도 많았고, 4행정 가솔린 기관뿐만 아니라 다양한 형태의 엔진이 존재했다. 하지만 오랜 시간이 지난 지금 대부분의 자동차는 4행정 기관에 4륜 자동차이다. 그런 구조가 가장 쓸모 있다고 밝혀졌기 때문이다. 이것이 로이히 1이 잘되지 않은 이유 중 하나일 것이다. 로이히 1이 출시된 시기에 인텔은 가장 경제성 있는 인공신경망의 크기도 알지 못했으며, 개별 신경망을 잘 구동하기 위해 칩이 지원해 줘야 하는 각종 편의 기능들도 잘 몰랐을 것이다. 열심히 한식 음식점을 오픈했는데 중식이 유행해 버리면 결국 부도가 나는 법이다.

뉴로모픽 칩은 여러모로 새로운 시도이다. 기존 GPU 기반의 머신러닝을 효율성과 성능으로 압도할 수 있으며 비용도 크게 낮출 수 있을 것이다. 하지만 어려움은 많다. 뉴로모픽 칩에서 높은 성능이 나오는 신경망을 개발하는 등 머신러닝의 이론적 돌파가 선행되어야

---

28 학습 과정에서 정확도가 낮은 숫자를 사용하면 인공신경망에 죽은 부분(0)이 생겨나는 현상이 있다. 하지만 높은 정확도로 학습 완료된 신경망을 정확도를 낮춰 추론에 사용하는 것은 동작에 큰 영향을 미치지 않는다.

한다. 뉴로모픽 칩의 시장 타이밍을 잡는 것 역시 문제다. 이론적 돌파가 이뤄지기 직전에 NVIDIA와 같은 기존 생태계의 승자들이 움직여 뉴로모픽 칩을 만들 수도 있다. 그렇게 되면 NVIDIA가 자신들의 뉴로모픽 칩을 CUDA 생태계에 부드럽게 접목시켜 버릴 것이다. 따라서 뉴로모픽 칩을 연구하는 회사들은 불확실성을 감내하고 뉴로모픽에서 이익을 볼 만하면서도 가장 가능성 있는 차기 인공신경망에 맞는 칩을 계속 발매할 필요가 있다. 혹시 알겠는가, 예상치 못한 시점에 SNN과 같은 뉴로모픽 칩이 없으면 구동하기 어려운 신경망이 말 그대로 '대박'이 날지!

참고로 현재 출시되는 뉴럴 칩, 뉴럴 엑셀러레이터 등 인공지능 전용 칩이라고 소개되는 물건들은 대부분 GPU의 디자인을 이리저리 바꾼 칩을 메모리에 연결하여 특정 분야의 효율성을 높인 형태다. 즉 뉴로모픽 칩은 많지 않다. 각종 인공지능 반도체를 찾아보고 있는 독자들은 주의하길 바란다.

아메바 수준의 단순함: 아날로그형 인공지능 반도체

앞서 설명한 칩들은 나름 디지털 회로라는 공통점을 가지고 있다. 디지털 회로의 의미를 쉽게 설명하자면, 회로 안에 오가는 값이 연속으로 표현되지 않고 '1, 2, 3, 4…'의 형태로 분절된다는 뜻이다.[29] 값의 분절은 디지털 회로가 높은 정확도를 담보할 수 있게 만듦으로써 현대 IT 기술이 꽃필 수 있게 도와주었다. 디지털 회로는 트랜지스터에 전류를 흐르게 하거나 끊음으로써 1과 0의 상태를 표현한다. 당연히 매 동작마다 완벽히 동일한 양의 전류를 회로에 흘러보낼 수는 없지만, '전류가 0.4~0.6 흐르면 값은 1이다'와 같이 사용함으로써 계산 자체는 100% 정확하게 동작하게 만드는 것이다. 값의 분절을 통해 노이즈 저항력을 얻은 것이다.

하지만 머신러닝 돌풍이 일어나자 일부 선구자들은 매우 독특한 아이디어를 내기 시작했다. 바로 이 디지털 회로의 벽을 깨고 어느 정도는 과거의 전자회로로 회귀하는 것이다. 디지털 회로를 구성하기 위해서는 트랜지스터가 필요하다. 예를 들면 두 개의 입력을 받아 한 개의 숫자를 출력하는 부분을 누산기Adder라고 부른다. 누산기는 현대 CPU와 GPU 모두에게 빼놓을 수 없는 핵심적인 설계이다.

일반적으로 사용하는 32비트 정수 누산기는 대략 1,000개의 트랜지스터가 필요한 것으로 알려져 있다. 그리고 이 트랜지스터들을 연결하고 반도체의 다른 부위들과 상호작용하기 위한 수많은 금속 배선 역시 칩에 배치되어야 한다. 물론 반도체 미세화에 힘입어 이런 회로 하나를 만드는 데 소모되는 물질의 양은 눈에 보이지도 않을 만큼 매우 적다. 하지만 이것도 아깝다는 사람들이 등장하기 시작했다.

---

29 실제로 컴퓨터 안에서는 소수점 표현조차도 연속이 아니다. 컴퓨터 안의 소수점 표현들은 특정값 이하로 값이 작아지면 자동으로 버려진다.

일부 엔지니어들은 인공신경망에 한해서는 누산기나 곱셈기 등에 사용되는 수천, 수십만 개 수준의 트랜지스터 소모도 과도한 것이 아닌가 하고 생각한 것이다. 어쨌거나 인공지능 알고리즘이 사용할 수 있는 회로를 밀도 있게 박아 넣는다면 성능은 높아질 것이 아닌가?

그래서 등장하게 된 아이디어가 아날로그형 인공지능 반도체이다. 아날로그 반도체는 매우 원리가 간단하다. 전류는 물과 같은 성질을 가지고 있다. 물이 흐르는 두 파이프를 합치면 물의 양이 두 배가 되듯 전선 속의 전류 역시 합치면 두 배로 변한다. 인공신경망의 수치 계산을 디지털 회로로 하는 대신, 인공 뉴런 하나를 일종의 저항과 전선이 거쳐 가는 지점으로 생각해 보겠다는 것이다. 예를 들어 뉴런 A가 다른 뉴런 B, C에서 100과 200이란 값을 받으면 디지털 회로로 된 누산기를 통해 300이란 값을 구하는 것이 아니라 100과 200 정도 세기의 전류를 흘려서 보내겠다는 것이다. 그러면 대략 300의 값에 약간의 오차가 포함되어 나올 것이다.

IBM은 이런 제품을 연산용 메모리Computational Memory라고 부른다. 일종의 PiM으로도 볼 수 있다.[30] 삼성전자 역시 MRAM 기반의 유사한 제품을 가지고 있다. 결과값에 오차가 존재함에도 이런 과격한 시도를 해 볼 수 있는 이유는 생물체의 신경망도 오차가 있음에도 잘 동작하기 때문이다.

인간의 뇌세포 어딘가에 누산기와 같은, 100%의 정확도를 보장하

---

[30] 삼성전자의 PiM이 DRAM에 연산기를 결합한 형태라면, IBM의 PiM은 DRAM 셀 자체가 연산 역할을 하는 것이라 할 수 있다.

는 디지털 회로가 있는가? 인간의 뉴런은 축색돌기를 따라 전기신호를 보낸 뒤 시냅스에서 화학물질을 분비해 다음 뇌세포로 신호를 전달한다. 축색돌기를 통과하는 전위가 매번 100% 같을 리도 없고, 시냅스의 화학물질 양이 늘 같을 리도 없다. 그럼에도 인간은 잘 생각하고 활동한다. 인간의 신경망은 노이즈에 매우 강한 것이다.

고전적인 프로그래밍은 다르다. 예를 들어 프로그래머가 "입력값이 1이면 '안녕하세요'를 출력하고, 입력값이 2이면 '안녕히 가세요'를 출력하라"는 코드를 구현했다고 하자. 만약 입력값이 주변의 노이즈로 인해 1에서 2로 바뀐다면 '안녕하세요' 대신 '안녕히 가세요'를 출력하게 된다. 전체 데이터, 특히 코드 영역이나 분기문의 극히 일부만 변해도 저런 차이가 발생할 수 있는 것이다. 만약 저 코드가 단순한 인사를 출력하는 코드가 아니고 1이면 입금, 2면 출금을 수행하는 은행의 코드였다면 더욱 큰 문제가 발생했을 것이다.

고전적 소프트웨어는 바로 직전에 수행된 코드가 정상임을 전제하고 구현된다. 따라서 이전 코드가 논리적 결함이 아닌, 순수한 노이즈 등으로 오동작을 일으킬 경우 다음 코드들이 줄줄이 문제를 일으키는 것이다. 실제로도 이 때문에 서버 컴퓨터들은 오류 정정에 상당한 자원을 소모한다. 하지만 연구원들은 인공신경망이 저런 수준의 오차는 잘 버틸 수 있음을 알고 있다. 신경망은 뉴런 한둘 정도의 결과값이 달라져도 최종 결과가 크게 바뀌지 않는다. 우리가 커피의 종류를 파악할 때 입력값은 눈으로 들어오는 커피의 모습이고, 출력값은 커피의 종류일 것이다. 하지만 우리는 아메리카노를 실눈을 뜨고 보거나 조금 어두운 곳에서 보거나 기존과는 다른 잔에 담아 놨다고 해서 카페라떼와 헷갈리지는 않는다.

인공신경망은 수천만 개의 인공 뉴런에서 나오는 출력값을 합쳐 최종 결과를 계산해 내는 방식이다. 개별 뉴런들이 전부 조금씩 오차를 가지고 있어도 최종 결과물에서는 그 오차들이 서로 상쇄되어 큰 문제가 없다.[31] 높은 정확도의 숫자(32비트)로 학습된 인공신경망을 16비트로 일부러 낮춰서 사용(추론)해도 정확도에 큰 문제가 생기지 않는다는 것도 널리 알려진 사실이다.

따라서 일반적인 연산용으로는 자격 미달인 아날로그형의 단순한 반도체도 인공신경망을 위해서는 굉장히 좋은 반도체가 될 수 있다. '100+200=301' 정도로 잘못 계산해도 문제가 없는 것을 인간이란 존재가 증명하고 있는 것이다. 어차피 저런 노이즈를 가진 인공 뉴런들이 수천만 개에서 수억 개가 함께 움직이기 때문에 노이즈는 상관없다. 게다가 소자의 사이즈도 압도적으로 작아졌으니 원래 GPU 등에서 해 보지 못했던 것들을 해 볼 수도 있을 것이다. 트랜지스터 1,000개를 쓰던 누산기를 10개 정도로 줄이더라도 100배의 밀도가 달성된다. 물론 CPU나 GPU가 할 수 있는 다른 일은 전혀 할 수 없을 것이다.

아날로그 반도체들은 인공신경망을 두고 벌어지는 반도체 회사들의 신경전에서 극단에 위치한, 매우 과격한 반도체들이다. 지금의 IT 생태계가 존재하게 했던 디지털 회로 자체의 콘셉트를 기계학습의

---

31 물론 인공신경망을 의도적으로 매우 민감하게 만드는 것도 가능하다.

유행을 타고 엎어 보겠다는 것이다.

물론 이를 해내기 위해서는 앞서 언급된 모든 반도체와는 비교가 되지 않을 정도로 생태계 조성을 위해 큰 노력을 해야 한다. 현실의 노이즈를 인정하고 받아들이는 방법론을 취했기 때문에 매번 완전히 동일한 작업을 시키더라도 결과값은 다르게 출력된다.[32] 이러한 문제들은 연구원들이 문제를 분석하고 해결하려고 할 때 큰 부담을 안길 것이다.

또한 기존의 반도체들이 제공하는 각종 연구의 편의를 위한 회로들이 싹 사라지게 된다. 현재 널리 쓰이는 칩들은 인공신경망 내부의 상황을 확인할 수 있도록 도와주는 각종 하드웨어 및 소프트웨어 도구가 제공된다. 하지만 아날로그형 반도체는 설계 과정에서 그런 부분들이 제거될 가능성이 높아 학습용으로 사용하기에 매우 번거로울 가능성이 높다. 아날로그 기반의 인공지능 칩들은 '이론은 좋았지만 결과는 별로였다'가 될 가능성 역시 높은 것이다. 이론상 면적당 100배의 효율을 낼 수 있지만 정작 아날로그 반도체로는 학습을 제대로 시키는 것이 너무 힘들어, '운전하기 힘들지만 이론상 성능은 최고인 자동차' 취급을 받게 될지도 모른다. 하지만 만약 누군가가 아날로그 기반의 반도체로 최초의 상용 인공신경망을 만들어 내고 비용 효율성을 입증한다면 현재의 인공지능용 반도체 시장을 크게 교란할 것이다. 현재 가장 밀도가 높은 소자들은 DRAM인데, 이런 아날로그

---

32 '개'를 '고양이'라고 판단하는 극단적 경우는 없겠지만, 개일 확률이 0.91 0.90 0.89⋯ 등으로 매번 변할 것이란 의미이다.

소자들은 매우 쉽게 DRAM보다 수십 배 높은 밀도를 달성할 수 있을 뿐만 아니라 최첨단 공정으로 만들 필요도 없기 때문이다.

Chapter 05

미래 인공지능 기업

지금까지 우리는 인공지능 발전의 역사와 현 상황을 살펴보았다. 이번 장에서는 이 지식들을 바탕으로 인공지능의 미래를 이끌어 갈 기업은 어떤 모습이어야 하는지를 알아보자.

인공지능 개발 능력이
높은 기업

이번 장에서는 훌륭한 인공지능 기업이 갖춰야 할 여러 요소를 책의 내용을 바탕으로 간단히 정리해 볼 것이다.

과감한 선택을 하는 기업

Google이 인공지능 시장에서 보여 준 행보는 매우 파격적이었다. 전통 강자의 강점을 베껴 점층적인 발전을 추구하고 주주들을 달래는 대신, 전혀 다른 방법론을 추구함으로써 파괴적 혁신을 성공시켰기 때문이다. 이 덕분에 과거에 내로라했던 방법론들과 한때 영광을 차지했던 SVM은 인공신경망에게 자리를 내어주었으며, SVM의 최고 전문가들 역시 캐나다의 신인들에게 자리를 내줘야만 했다.

이는 현재의 인공지능 기업들에게도 적용 가능한 교훈이다. 뒤에서 설명하겠지만 인공지능 기업들은 기존 소프트웨어 회사와의 경쟁 등 쉽지 않은 선택들을 앞두고 있다. 이들과 겹치지 않는 곳으로 과감히 떠나는 용기가 필요할 수 있다.

이런 어려운 상황에서 역전의 한 방을 노리고 세상을 바꾸는 기업이 되기 위해서는 Google의 예를 늘 기억해야 한다. Google은 기존에 하던 넓은 사업 영역을 포기한 일이 없다. 이미 갖춰진 공고한 사업 기반 위에서 자원을 끌어모은 뒤 새로운 모험을 시도한 것이다. 아마도 우리가 모르는 수많은 실패가 있었을 것이다. 지금의 인공지능 기업들 역시 비슷하게 해 나가면 된다. 현재의 공고한 인공지능 방법론 위에서 회사의 기반을 세우되, 앞서 살펴본 수많은 도전을 이겨 낼 만한 새로운 방법론이 보인다면 과감하게 나아가는 것이다. 여전히 인공지능 기술 앞에는 수많은 장애물이 기다리고 있다. 만약 성공한다면 지금의 인공지능 기술을 있게 했던 선구자들 역시 이 변화를 기쁘게 바라볼 것이다.

하드웨어 발전의 이해자

지금의 머신러닝 발전의 든든한 파트너는 NVIDIA였다. NVIDIA는 자신들이 가지고 있던 그래픽 카드가 대규모 산술연산에 최적화된 기기임을 알고 있었고, 인공신경망의 선구자들은 자신들에게 대규모 산술연산 능력이 필요함을 알고 있었다. NVIDIA는 일개 그래픽 처리장치로 남고 싶지 않아 CUDA를 런칭했다. 그리고 인공지능 연구자들은 당시만 해도 제대로 자리 잡지 못했던 신기술을 기꺼이 수용했다. 그렇게 세상이, NVIDIA와 인공지능 연구원들 모두의 인생이 바뀌었다.

인공지능 기술은 소프트웨어 기반 위에서 동작한다. 그리고 소프트웨어를 동작하는 데 있어서 반도체를 떼어 놓을 수 없다. 인공신경망으로 의미 있는 일을 하기 위해서는 각종 입력이 중요한데, 이러한 입력은 대부분 음성, 사진 등이다. 입력을 받기 위해서는 각종 센서와 통신수단이 필수적이다. 현재 인공지능을 적용하고 싶은데 적용하지 못하는 영역들은 다들 이유가 있다. 겪고 있는 문제를 AI로 해결할 준비가 되지 않은 경우도 있겠지만, 대부분은 단순히 연산력 부족, 네트워크 대역폭 부족, 전원 부족 등 하드웨어적인 이유다. 예를 들어 스마트 팩토리에서 물건의 결함을 인공지능으로 찾아내려 한다고 해 보자. 그런데 해당 공장의 구조상 가로세로 각 20cm 공간 안에 반드시 기기를 배치하고, 메모리는 2GB밖에 쓸 수 없는 환경이다. 그런데 인공신경망의 메모리 사용량이 3GB라면 어떻겠는가? 당연히 현재의 인공신경망을 사용할 수 없을 것이다. 그런데 2년 뒤에 만약 메모리 용량이 더 큰 기기가 등장한다면? 그렇다면 인공신경망은 바뀌지 않았지만, 해당 인공신경망이 진출 불가능하던 영역의 비즈니스가 가능해지는 것이다. 하드웨어에 관심이 없던 회사들은 이 기회를 놓치겠지만, 관심이 있는 회사라면 자신들의 인공신경망이 어느 수준의 기기까지 탑재 가능한지 면밀히 추적하고 있을 것이다. 하드웨어 발전 덕분에 감춰 놓았던 비장의 인공신경망 카드를 꺼낼 수 있는 시기가 다가오는 것이다.

물론 하드웨어를 이해한다는 것은 단순히 메모리 용량이 얼마이고 이론상 최대 연산 능력이 얼마나 되느냐를 넘어서는 문제이다. 하드웨어 플랫폼을 교체한다는 것은 단순히 기계 하나 바꾸고 프로그램을 다시 설치하는 것이 아니다. 플랫폼이 교체되면 기존에 돌아가던 소프트웨어들은 어마어마한 호환성 문제를 겪는다. 예를 들어 나의 인공신경망은 NVIDIA CUDA GPU 기반인데, 드문 경우겠으나 갑자기 AMD GPU를 반드시 써야만 하는 상황이 온다면 많은 것이 달라진다. 내 신경망을 운용하기 위해 도입한 다른 소프트웨어 중 하나는 반드시 CUDA가 있어야만 돌아갈 수도 있다. 플랫폼을 교체하면 이런 부분들이 전부 에러를 띄우며 멈추게 된다. 이는 추가적인 자원 소모와 신뢰성 문제를 야기한다.

여기서 더 나아가 NVIDIA도 AMD도 심지어 인텔도 아닌, 세상에서 처음 보는 스타트업의 반도체를 사용하면 문제는 더욱 커진다. 인공신경망을 학습할 시간도 빠듯한 상황에서 난생처음 보는 스타트업 반도체를 사용하기 위한 도구부터 개발해야 할 수도 있기 때문이다. NVIDIA의 GPU가 흔히 타는 자동차라면, AMD GPU는 운전석이 반대쪽에 있고 도로교통법이 다르게 구성된 일본의 자동차다. 한편 스타트업이 새로 개발한 반도체는 핸들도 브레이크도 변속기도 없는, 세상에 존재한 적 없던 자동차다. 이 자동차를 대규모로 사업에 운용해 보지도 않았거니와 실제 이 자동차를 운전해 본 사람도 없다. 여기에 정비소와 주유소도 없다. 설령 자동차의 연비가 100배 더 좋다 하더라도, 이런 물건을 기반으로 운수 사업을 하는 것은 매우 어려울 것이다.

이후 인공신경망을 통해 비즈니스를 하고자 하는 기업들은 하드웨어 변화의 이득과 대가를 분명히 계산할 수 있어야 한다. 만약 지금 운영하는 인공신경망이 2018년 NVIDIA GPU로도 충분히 서비스할 수 있다면 2020년의 NVIDIA GPU로 하드웨어를 교체하는 것은 자본 낭비가 될 수도 있다. 만약 지금 NVIDIA가 제공할 수 있는 가장 작은 하드웨어 사이즈가 가로세로 각 10cm인데 성능이 부족하다면, 실리콘밸리 반도체 스타트업이 판매하는 새로운 반도체 사용을 시도해 볼 수는 있다. 하지만 이 경우 내가 생각하는 비즈니스 매출이 1년에 수억, 수십억 원 수준이라면 결정을 함부로 해서는 안 된다. 일단 해당 반도체 스타트업의 사업이 취소되거나 스타트업이 피봇―비즈니스를 바꿈―해 버릴 수 있다.

뿐만 아니라 인공지능 생태계는 대부분 NVIDIA와 ARM, 인텔 등의 유명한 대기업의 반도체를 중심으로 코드가 개발되어 있다. 존재하는 상당수의 코드들은 당연하게도 사용자가 대기업 반도체들을 사용하고 있다고 전제한다. 즉 생태계에서 떨어져 나가겠다는 것은 코드 작성부터 인력 훈련까지 내가 스스로 해야 한다는 의미이다. 그렇게 해도 될 만큼의 이익이 없다면 함부로 시도해서는 안 된다. 어쩌면 인공신경망 학습에 집중하고, 일부 신경망만 다소 큰 비용의 학습용 카드를 이용해 사용자 경험 수집용으로 서비스하다가, NVIDIA가 차세대 GPU를 출시하면 그제야 사업화를 진행하는 것이 좋을지도 모른다.

참고로 이와 같은 하드웨어 독립 시도 역시 Google에서 찾을 수 있다. Google은 알파고를 효율적으로 운영하기 위해 TPU라는 기기를 만들고 회사 내에 생태계를 조성하고 인력도 자체적으로 훈련했다. 그렇게 할 수 있었던 이유는 Google이 만든 인공신경망이 이세돌을 이길 만큼 굉장한 능력을 갖춘 인공지능의 기반이 될 것을 알았기 때문일 것이다. Google은 내부 사용자 저변을 바탕으로 TPU를 개발한 뒤 자사의 클라우드에서 외부인들도 TPU를 써 볼 수 있게 만들었다. 새로운 하드웨어를 쓴다고 했을 때는 이 정도의 준비가 필요한 것이다.

다양한 학문 분야에 발이 넓은 기업

현재의 머신러닝은 이론 중심이기보다는 경영학과 비슷하게 각종 외부 분야에서 실용적인 부분들을 취해서 적용하고 있다. 생물의 두뇌 구조를 부분적으로 적용한 합성곱 신경망을 학습시키는 방법은 미분방정식 해결법에서 차용했다. 인공신경망이 겪던 문제들을 해결한 방법 중 몇 가지는 생물에서 차용하기도 했다.

그런 예 중 하나는 ResNet이다. 앞에서 살펴봤듯 인공신경망은 층

[그림 5-1] 깊은 인공신경망은 학습 결과가 입력단 근처까지 잘 전달되지 않는다

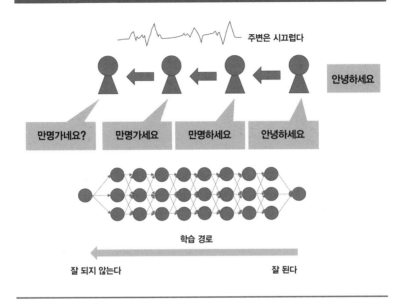

을 늘려 감에 따라서 학습이 힘들어지는 문제가 있었다. 인공신경망을 많이 연결할수록 이론상으로는 신경망이 구분 가능한 요소가 많아져 정확도가 높아져야 하지만 학습이 어려워 그 가능성을 발휘하기 힘들었던 것이다. 인공신경망의 학습은 뒤(출력부)에서 앞(입력부)으로 전파된다. 이와 같은 단계별 학습 전파 때문에 신경망은 골고루 학습되지 않는 경우가 많다. 이는 마치 유명했던 TV 프로그램 〈가족오락관〉의 '고요 속의 외침'이란 게임과도 비슷하다. '고요 속의 외침'은 4, 5명이 일렬로 늘어서 특정 단어를 전달하는 게임인데, 각 사람이 바로 옆에 있는 사람에게 단어를 전달하게 한 뒤 맨 마지막 사람이 특정 단어를 맞추는 게임이다. 이 게임의 백미는 주변의 소음과 각 개인의 전달력 차이로 인해 본래 단어가 망가져서 전달되는 것이다. 그런데 이런 문제가 인공지능 학습에서도 발생한다.

연구원들은 이를 굉장히 직관적인 방법으로 해결했다. 기존처럼 신경망을 단순하게 층층이 쌓기만 하는 것이 아니라 신경망을 건너뛰는 연결을 몇 개 추가하는 것이다. 생물의 신경세포 역시 반드시 뉴런이 계층을 두고서만 연결되어 있지는 않고 층을 건너뛰는 경우가 있는데 이와 비슷하다 할 수 있다.

이러한 방식이 생물의 뇌가 골고루 학습하기 위한 진화의 결과라는 보장은 없다. 일단 적용해 봤더니 실제로 효과가 있었을 뿐이다. 정확한 참고는 아니었더라도 문제 해결의 실마리가 생물학적 구조에서 온 것이다.

하지만 아직도 머신러닝은 나아갈 길이 멀다. 지금의 딥러닝 기

[그림 5-2] 신경망을 건너뛰는 연결이 있을 경우 학습 결과가 잘 전달된다

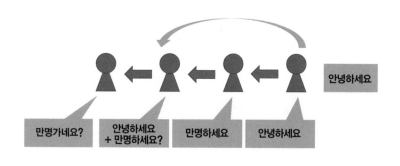

반 인공지능이 한 단계 더 발전하기 위해서는 넘어야 할 큰 산이 몇 가지 있다. 그중 한 예는 일반적으로 적용 가능한 퓨샷러닝Few Shot Learning[33]이 가능한지 여부일 것이다. 이미 우리는 앞서 거대 신경망의 학습이 얼마나 어려운지 확인했다. 드디어 AI가 인간처럼 학습한다고 선언하긴 뭔가 미묘한 상황이 계속되고 있는 것이다.[34] 신경망 학습의 문제는 SNN과 같은 차기 인공신경망 도입 결정에도 중요한 요소가 될 것이다.

이와 같은 문제들을 돌파하기 위해서는 컴퓨터 과학 분야의 연구원만이 아니라 생물학, 의학, 심리학 등 수많은 분야가 협업해야만 한다. 인공신경망은 인간 뇌와 다른 수많은 특성을 가지고 있다. 인간 뉴런은 전기신호와 화학물질 조합으로 상호작용한다. 분명 눈, 코, 입 등을 관리하는 특화된 부위와 판단만을 내리는 부위가 뇌에 따로 있을 것이고, 이들 모두가 완전히 독립되어 있기보다는 어느 정도 연결되어 있을 것이다. 아직은 이런 차이들이 지금 인공신경망이 해내지 못하는 일을 인간 두뇌는 해내는 이유 중 하나일 것이다. 멀티모달리티와 같은 접근이 이뤄지는 이유이기도 하다.

인공지능은 어디까지나 '인공'일 뿐이다. 인간으로부터 요소를 차용하기도 하지만 본질은 소프트웨어와 하드웨어의 조합이며 생물체

33　소수의 데이터만으로 인공신경망의 출력값을 크게 바꾸는 연구 분야

34　사실 연구원들이 이룬 바가 언론에 정확히 전달되는 것은 매우 어렵다. '인간처럼 행동하는', '인간처럼 글 쓰는' 등의 언론 수사들은 현재 인공지능 기술의 발전 상황을 정확히 전달하지 못한다. 이러한 기사들은 마치 인공지능 기술 전반에 혁신이 일어난 것처럼 쓰여지지만, 실제로는 매우 협소한 분야의 발전인 경우가 많다.

자체를 100% 따라 하는 것은 불가능하다. 생물 등 다양한 외부 요소를 인공지능이라는 개념에 맞게 변용해 적용해야만 한다. 이를 위해서는 인간에게서 차용할 수 있는 요소가 무엇이고, 아닌 것은 무엇인지, 차용한다고 하면 어떤 식으로 해야 하는지 등을 이해해야 한다. 이런 일은 머신러닝 전문가, 소프트웨어 개발자만으로 가능한 일이 아니기에, 인공지능을 하고자 하는 기업은 수많은 다른 분야의 역량도 갖추고 있어야 한다. 인공지능 앞에서는 앞서 언급된 요소들뿐만 아니라 아직도 밝혀지지 않은 수많은 문제가 존재한다. 해결법이 언제 어디에서 어떻게 등장할지 모르니 항상 주변에 귀를 기울여야 한다.

서비스의 성공 요소를
알고 있는 기업

서비스의 부품으로서의 AI

지금까지 인공지능 기술이 어떤 아이디어에서 시작했는지와 이들이 가지는 한계 그리고 이를 조금이라도 더 극복하기 위한 다양한 소프트웨어나 하드웨어적인 노력들을 살펴봤다. 이쯤에서 독자들이 궁금해 할 내용이 하나 있을 것이다. 결국 'AI 하는 기업'은 정확하게 무엇을 하느냐는 것이다. 결론부터 말하면 인공지능 기업들은 '코드 한 줄'을 제공한다. 제조업에 대입하면 볼 베어링과 같은 부품을 생산하는 기업인 것이다.

실제 현장에서는 인공지능만으로 할 수 있는 일이 많지 않다. 사물인식_{Object Detection} 인공신경망을 보자. 이것만으로 할 수 있는 일이 뭐가 있을까? 사물인식 인공지능이 할 수 있는 일은 아르바이트 직원을 한 명 뽑아 길을 가는 사람 숫자를 세라고 시키는 것과 다르지 않다. 그렇게 얻은 숫자로 상권을 분석할지, 사람들의 패션 트렌드를 확인할지는 직원을 뽑은 사장이 정해야 한다. 우리가 살펴봤던 성공적 인공지능들은 '지능을 가진 비서'라기보다는 눈, 코와 같은 감각기관에 가까웠던 것을 기억하자.

인공지능을 도입한다는 것은 기존 코드의 일부분을 다른 코드로 대체하는 것에 불과하다. 설령 나에게 매우 잘 작동하는 사물인식 인공신경망이 있더라도, 한 상권 내의 통행인을 분석하는 소프트웨어를 만들기 위해서는 거대한 IT 인프라가 결합되어야 한다. 일단 각 지역에 설치된 카메라의 데이터를 클라우드 저장소에 전송한 뒤 동영상 데이터를 인공신경망이 설치된 서버가 분석해 특정 시간에 지나간 사람 수를 세어야 한다. 인공신경망은 이 거대한 인프라 안에서 기존에 제일 안 되던 것을 대체하는 것이다.

그렇게 얻어 낸 사람 숫자를 주변 환경—시간, 해당 지역의 인구밀도, 날씨 등—의 정보와 합쳐 의미 있는 결과를 내고 사용자에게 제공하는 것은 인공지능이 하는 것이 아니다. 그것은 서비스이다. 대규모의 고도로 숙련된 프로그래머들이 수십 대의 서버에 코드를 짜 넣음으로써 가능해지는 일이다. 이 과정에서 인공지능 기술이 해낸 일은 사람의 수를 잘 세는 기능을 추가한 것이다. 기존 알고리즘이 잘 해내지 못하던 코드 한 줄—사진에서 사람 숫자 세기—을 데이터 기반의 접근으로 대체한 것뿐이란 의미이다. 이는 마치 전기차와 배터리의 관계와도 같다. 전기차를 실현 가능하게 해 준 핵심 부품은 리

튬이온 배터리이지만, 배터리만으로 자동차를 만드는 것은 불가능하다. 배터리를 기존 자동차에 결합하고, 배터리 기반의 새로운 파워 트레인을 개발하고 수십만 번의 테스트를 해야만 비로소 자동차라 부를 수 있다. 현재의 심층 학습 기반 인공지능은 배터리에 해당한다. 불가능을 가능하게 만들어 주었지만, 혼자서는 무언가를 해낼 수 없다.

[그림 5-3]은 CCTV의 이상 상황이 탐지되면 스마트폰에 알림을 주는 가상의 앱의 모식도이다. 대부분의 영역은 기존의 소프트웨어가 차지함을 쉽게 알 수 있다.

스마트폰 앱 등 소프트웨어를 개발할 때 제일 중요한 것은 코드의 품질 관리이다. 각 개발자가 구현한 소스 코드는 하루에도 수억 번씩

[그림 5-3] CCTV에서 포착된 이상 상황을 스마트폰을 통해 확인하는 가상 앱의 모식도. 인공지능이 도입되는 부분은 크지 않다

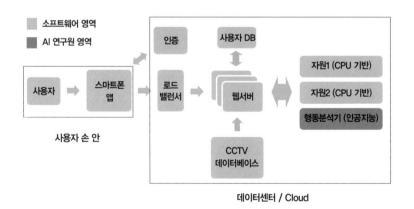

호출되며, 호출 과정에서도 다른 개발자가 만든 다른 함수들을 연쇄적으로 호출한다. 이 과정에서 발생하는 각종 코드 사이의 의존도를 관리하고 품질을 유지하는 것이 서비스 개발의 중요한 부분이다. 이는 단시간에 인공신경망 연구 위주로 성장해 오던 회사가 쉽게, 어설픈 투자로 얻을 수 있는 역량은 아니다. 큰 비용과 오랜 시간을 지출해 개발 문화를 만들고, 플랫폼이 될 기초 소스 코드가 있어야 해낼 수 있는 일이다. 이 분야의 강자들은 20년 이상의 업력과 노하우를

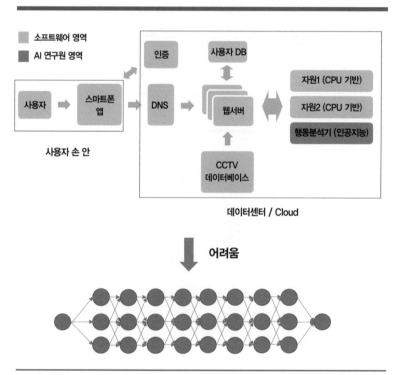

[그림 5-4] 기존 서비스가 완전 인공신경망으로 대체되기는 힘들다

AI 혁명의 미래

지닌 Google, Microsoft 등의 대형 소프트웨어 기업이다. 인공지능 회사가 개발자 몇 명 뽑아서 따라잡을 수 있는 영역은 절대 아니다.

따라서 인공지능으로 성장한 기업들은 이런 포털들과 상생 혹은 협력하는 방법을 빠르게 찾아 나가야 할 것이다. 현재의 (아마 앞으로도) 인공지능 기술은 절대로 '상권 분석해 줘!'와 같은 작업을 직접적으로 해결하도록 학습될 수 없을 것이다. 심지어 인간조차도 상권 분석과 같은 일을 하려면 재능 있는 사람을 골라 매우 오랜 기간 훈련해야 한다. 이러한 일은 일반 인공지능AGI의 영역으로, 2022년 현재도 제대로 정의조차 되지 않는 분야이다. 이런 인공지능이 등장한다고 한들 지금 세대의 인공신경망과는 아예 다르고 훨씬 어려운 기술로 취급되어야 할 것이다.

인공지능 기업들은 이와 같은 상황을 이해하고 자신들의 위치를 정해야 한다. 거대 소프트웨어 회사들은 벤처기업들과는 비교가 되지 않을 만큼 큰 데이터를 가지고 있다. 하지만 거대 소프트웨어 회사들이 만들고자 하는 서비스 중 자신들에게 없는 데이터로 학습하거나 극한의 효율을 짜내야만 하는 인공신경망이 존재할 수 있다. 그럴 때 '우리의 코드 한 줄'을 보여 줄 수 있어야 한다.

문제를 이해하고 세분화하는 능력

대부분의 인공신경망은 특정한 작업—물체 세기, 음성 변환 등—

을 매우 잘하는 기능 부품이라고 할 수 있다. 인공지능 회사들이 부품 기업에 가깝게 자신들의 정체성을 구축했다면, 다음 할 일은 고객들이 원하는 서비스가 무엇인지를 알고 해당 서비스를 제공하기 위해 거쳐야 하는 단계들을 구조화하는 것이다.

인공지능 전문 회사들의 주요 고객은 대형 포털사 및 소프트웨어 회사, 대기업 등이 될 것이다. 이 중 일반적인 대기업들은 프로그래머 조직은 있더라도 인공지능 기술을 완벽히 이해하고 있지 못할 가능성이 있다. 따라서 이와 같은 회사들을 고객으로 삼게 되면 굉장히 두루뭉술한 요청을 받게 될 것이다. 만약 고객이 은행이면 대출 이자율을 결정해 주는 인공지능을 만들어 달라는 부탁을 받을 수 있다. 이 경우 인공지능 회사는 일단 수많은 대출 서류와 결정 이자율을 모은 뒤 신경망 학습을 돌리고 싶은 충동을 느낄 수 있다. 운이 좋다면 이것만으로도 신경망이 매우 잘 작동할 수 있다.

하지만 은행의 규모가 작거나 대출 데이터가 충분한 기간에 걸쳐 수집되지 않았다거나 한다면 중요한 요소가 학습 중 누락되어 인공지능이 은행에 피해를 입히는 이자율을 산정할 수 있다. 예를 들어 1년간의 대출 기록만을 통해 신경망을 학습시켰다면 1년 범위 안에서는 크게 변하지 않는 한국은행 기준금리 등이 학습에 적용되지 않을 것이다. 이렇게 되면 이자율 변동기에는 신경망이 제대로 작동하지 않게 될 것이다. 이는 기준금리의 존재 자체를 모르는 은행원이 대출 심사를 맡은 것과 크게 다르지 않다. 인공신경망을 납품받은 은행은 어디가 잘못되었는지 모르고 갈팡질팡할 것이다.

따라서 인공지능 회사는 이런 경우를 방지하기 위해 질문을 좀 더 세분화하고 구체화하여 고객에게 정보를 얻어 내야 한다. 대기업 등의 고객이 인공지능을 도입해 기대하는 효과나 현재 기업이 겪는 문제가 무엇인지 등이다. 대화해 보면 은행이 인공지능을 도입하고자 하는 이유를 더 자세히 파악할 수 있다. "지금까지는 신용도, 재산, 소득 등으로 이자율을 산정해 왔는데 최근에 NPL[35]이 예상한 값보다 높게 나오고 있다"는 실제 문제를 듣게 될지도 모른다. 이런 경우라면 인공지능 회사는 은행에게 지난 N년간의 대출 요청 자료와 함께 각 대출의 손익률 자료도 필요하다고 이야기해야 한다. 이러한 자료

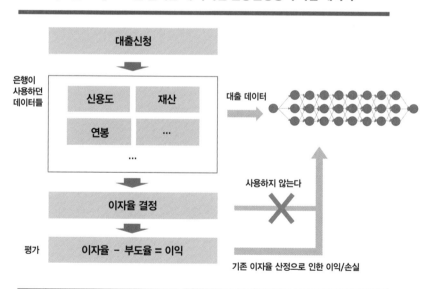

[그림 5-5] NPL을 줄이는 게 목적인 인공신경망의 학습 데이터

---

35   Non-Performing Loan. 이자와 원금을 수취할 수 없는 일종의 불량 대출

들을 토대로 학습시킬 경우 자료가 충분하고 신경망이 잘 구성되어 있다면 인공신경망은 손해율이 높은 대출을 골라낼 능력을 얻을 수 있게 된다. 손해율에 대한 자료가 없다면 인공신경망은 어떻게 하더라도 손해율을 구분할 능력을 얻을 수 없다.

고객의 문제를 좀 더 잘 이해하게 되면 디자인 선택지를 늘릴 수 있다. 예를 들면, 고객은 신경망 학습 뒤 잦은 금융제도 변화를 걱정하고 있을 수도 있다. 이럴 경우 신경망을 작은 것 여러 개로 쪼개어 훈련시켜 볼 수 있다. 첫 번째 신경망은 제도와 무관한 변수인 재산과 과거 신용 기록을 통해 특정 점수를 만들어 내고, 두 번째 신경망은 첫 신경망의 계산값과 제도 관련한 변수들을 합쳐 최종 신용 점수를 만들어 내도록 하는 것이다.

이미 STT_{Speech to Text}를 포함, 인공지능에 기반한 서비스들 상당수는 인공신경망 여러 개를 엮는 구조를 사용하고 있다. STT의 경우 회사마다 조금씩 다를 수 있으나 VAD_{Voice Activity Detection}를 통해 사람의 발화 시점을 식별한 뒤 이를 음성 표현으로 바꾸고 적합한 단어를 생성하는 구조로 되어 있다. STT는 인공신경망 가동 시 자원을 많이 소모하기 때문에, VAD가 소리를 감시하다가 목소리가 감지될 때만 STT에게 정보를 전달하는 것이다. 경비 1명이 입구를 지키고 있다가 수상한 상황이 발견되면 수십 명의 병사가 뛰어나오는 것과도 비슷하다. 반응속도 차이가 생길 수는 있으나 이를 통해 서비스 원가를 크게 줄일 수 있다.

거대한 한 개의 신경망이 여러 정보를 받아 처리하는 형태로 구

[그림 5-6] 두 개의 작은 신경망으로 구성된 STT 서비스

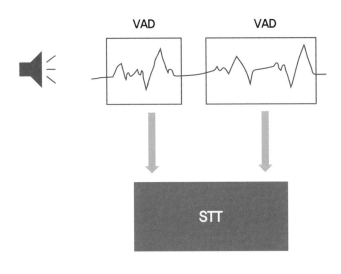

성하는 것이 좋은가 아니면 작은 신경망들의 정보를 합쳐서 고전적인 방식으로 의사결정하는 것이 좋은가 여부는 각 고객이 겪는 문제에 달려 있다. 만약 해결해야 하는 문제가 오랫동안 외부 변수에 큰 영향을 받지 않은 채 유지될 수 있는 형태라면 모든 정보를 거대한 1개의 신경망에 투입해 진정한 엔드 투 엔드 형태를 만들어 볼 수 있다. 하지만 외부 환경 변화가 단기간에 크게 일어나는 문제라면 각 부분을 대체 가능한 형태로 만드는 것이 장기적인 관점에서 유리하다.

이후에는 인공지능 회사 중 도메인을 나누고 고객에게서 원하는 답을 끌어낼 수 있는 기업들만 살아남을 것이다. 특히나 고객 비즈니스를 AI로 개선해 주는 인공지능 기업이라면, 데이터와 비즈니스 개요는 고객에게 받을 수밖에 없을 것이다. AI 회사는 인공신경망의 전문가이고, 고객은 자신이 처한 비즈니스의 전문가이다. 고객은 자신의 비즈니스가 처한 문제를 알고 있지만, 이를 AI를 통해 풀어내는 방법은 잘 모른다. 따라서 인공지능 회사가 해당 비즈니스를 확인한 뒤 AI로 대체될 수 있는 영역들을 찾아내고 이에 맞는 데이터를 얻어내야만 한다. 특히나 한국과 같은 제조업 국가에서 인공지능의 최종 수요자는 대부분 대기업일 것이니 이런 역량은 더욱 중요할 것이다.

만약 여러분이 인공지능 기술을 잘하는 회사를 찾고 있다면, 이와 같은 특징을 가진 기업을 기업 소개 자료나 회사의 비즈니스 소개를 보고 파악할 수 있을 것이다. 예를 들면 '메타버스에 AI를 도입하겠다'와 같은 구체성이 없는 계획보다는 '메타버스 RPG 내의 사용자가

[그림 5-7] 추상적인 인공지능 도입(좌)과 구체적인 인공지능 도입(우)

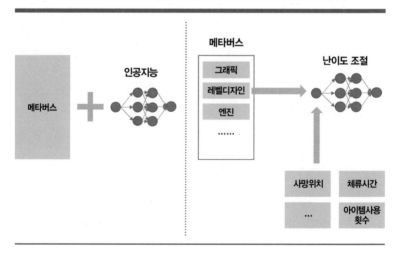

AI 혁명의 미래

자주 사망하는 곳, 아이템을 자주 사용한 곳의 정보를 모아 AI를 통해 난이도를 자동 조정하겠다'와 같이 구체적인 형태의 발표를 하는 기업들이 인공신경망을 잘 이해하고 있을 가능성이 높다.

즉 [그림 5-7] 속 왼쪽과 같이 접근하거나 업을 설명하려는 기업보다는 [그림 5-7] 속 오른쪽과 같이 구체적인 인공신경망의 투입 요소와 출력값의 사용처를 설명할 수 있는 회사들이 더 크게 성장할 것이다. 어찌 생각하면 매우 당연한 결과라 할 수 있다. 머신러닝은 만능의 요술봉이 아니라 새롭게 나타난 도구 중 하나이기 때문이다.

호두까기 문제를 이해하는 기업

외교에 관심이 있는 사람이라면 한 번쯤 넛크래커(호두까기)란 단어를 들어 봤을 것이다. 호두까기는 위아래—혹은 좌우—에서 강력한 압력을 가해 호두를 까는 작은 도구다. 이 단어는 중국의 경제성장률이 높던 시절 경제 분야에서는 한국이 원가로는 중국에 밀릴 것이고, 기술로는 일본—혹은 다른 선진국—에게 밀릴 것이라는 의미로 사용되곤 했다. 현재 딥러닝 기반 인공신경망 역시 이와 비슷한 문제를 겪고 있다. 이 호두까기의 한쪽은 매우 잘 짜인 기존의 규칙 기반 프로그램이며 다른 한쪽은 단순노동자이다.

앞서 살펴봤듯 인공지능의 정확도를 개선하는 일은 매우 힘들다. 추가적으로 연산 자원에 들어가는 비용도 어마어마할 뿐만 아니라 인공지능 인재에 대한 의존도가 되레 높아지기 때문이다. 이로 인해 현재의 인공지능이 매우 높은 정확도에 다다르기는 쉽지 않아 보이며, 극히 높은 정확도를 요구하는 일에 투입되기는 힘든 상황이다. 빈도가 낮은 (0.1% 에러) 문제를 해결하기 위해서는 어마어마한 연산 자원이 필요한데, 필요한 정확도가 그보다 높다면 문제가 되기 때문이다. 이런 분야에서는 되레 기존에 사용하던 규칙 기반 프로그램이 훨씬 예측하기 쉬울 뿐만 아니라 비용 대비 효율적일 가능성이 높다. 나중에 비즈니스 상황이 바뀔 경우에도 대형 인공신경망은 재학습이 오래 걸리지만, 규칙 기반의 소프트웨어는 원인만 파악하면 매우 빠르게 심지어는 당일 재배포도 가능하다.

그렇다면 인공신경망에 투입되는 자원을 극한으로 줄이고 필요한 데이터도 줄여 보면 어떨까? 이렇게 되면 신경망 자체가 일반인만도 못한 수준으로 일을 하게 된다. 회사는 인공지능을 도입하기 위해 신경망 전문가도 고용하고, 데이터 수집도 하며, 서버도 임대해야 한다. 그런데 그 결과물이 아르바이트 직원 1명을 고용하는 것보다 훨씬 비용은 큰데 정확도는 낮을 수 있다. 한계효용이 매우 높은 영역까지 투입을 줄여 놓았더니 비즈니스에 적용할 수 있는 품질이 나오지 못하는 것이다. 인공지능으로 무언가 해 보고 싶은 기업의 상당수는 인공지능 기술을 이해하고 있지 못하므로 최초 투자 비용은 더욱 높을 수 있다.

호두까기 문제는 이후 인공지능 기술이 두 영역 사이에서 날카로운 줄타기를 해야 한다는 것을 의미한다. 이를 위해서는 초고정밀도 업무와 단순노동 업무 사이의 틈새를 노리는 방식으로 가야만 한다. 가상의 CCTV 감시 서비스의 예를 하나 보자. CCTV를 통해 24시간 모든 카메라를 능동적으로 감시하고 싶은 고객이 있다면 서비스 기업은 CCTV 수십 개당 1명 정도 감시 인원을 배치할 것이다. 문제는 한 사람이 여러 화면을 보기 때문에 중요한 사건을 놓칠 가능성이 남는다는 데 있다. 하지만 그렇다고 CCTV 1개당 1명씩 배치하는 것은 비효율적이다. 임금 지출도 클 뿐만 아니라 각 개인의 근무 태만을 감시하기가 힘들다. 지루한 감시 업무의 특성상 종사자들의 책임감을 불러일으키기도 쉽지 않을 것이다. 운이 좋은 감시 직원은 평생 CCTV를 보고 있지 않았음에도 사건이 일어나지 않아 아무 책임도 지지 않을 것이다.

인공신경망은 이와 같은 특징을 가진 시장을 인공지능 기술 특성에 맞춰서 공략해야 한다. CCTV용 기반의 감시 솔루션을 만들되 '모든 것을 무인으로 운영하겠다!'와 같은 목표를 정해서는 안 된다는 것이다. 이런 일을 해낼 수 있는 인공신경망은 매우 무거우며, 추후에 문제가 발생할 경우 개선하기 힘들고 시간도 오래 걸리기 때문이다. 사람을 줄이려고 AI를 도입했는데 정작 한계효용 문제를 만나게 되는 것이다. COVID-19와 같은 전 세계적인 사건이 일어나서 빠르게 대응해야 하는데, 비즈니스 핵심 영역에 있는 인공신경망 학습이 6개월 걸린다면 매우 난감할 것이다.[36]

---

[36] 이는 실제로 GPT-3와 같은 거대 언어 모델에게는 큰 문제이다.

이와 같은 해결책 대신 '가끔은 인공신경망이 틀리더라도 감시 인원을 줄일 수 있는' 인공신경망을 도입하면 어떨까? 인공신경망을 만들되 가끔은 침입이 없어도 침입이 일어났다고 잘못 보고하는 정도의 정확도만 추구하는 것이다. 대신 인공신경망은 침입이 일어났다고 판단하면 자리에 있는 사람에게 경고만 보내 주는 것이다.[37] 사람

[그림 5-8] CCTV 감시 솔루션의 예시. 기존 솔루션(위)과 AI를 통한 개선 예시(중간 및 아래)

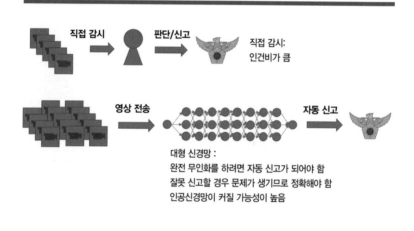

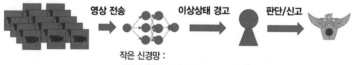

은 화면을 보고 이게 진짜 침입인지 아닌지 확인하면 된다. 이런 신경망을 사용하면 많은 이점이 있다. 일단 구조가 간단해 문제 개선이 빠르다. 나중에 '특정 날씨에서는 잘 인식되지 않더라' 등의 문제가 발생하더라도 빠르게 대응할 수 있다. 그리고 최종 판단하는 사람이 현장에 남아 있으므로 신고와 보고 등을 자동화하는 것에 대한 투자와 번거로움을 줄일 수 있다. 도입한 고객 입장에서는 경고가 뜰 때만 경고 앞뒤의 영상을 확인해 보는 소수의 인력만 남기면 되므로 인건비 감소라는 원가 절감을 확실히 누릴 수 있다. CCTV 감시원은 AI의 경고를 무시했을 경우 기록이 남으므로 AI의 경고는 반드시 확인할 것이다.

한때 많은 사람이 인공지능 기술의 발전을 보며 다양한 상상을 했다. 영화 〈아이언맨〉의 자비스ʲᵃʳᵛⁱˢ를 꿈꾸기도 했고, 인공지능으로 인한 디스토피아를 대비해야 한다는 등의 비관론도 이어졌다. 하지만 인공지능 기술 역시 만능이 아니다. 장단점을 가진 여러 선택지 중 하나일 뿐이다. 기술혁신의 속도가 생각보다 늦다면 그 흐름에 맞춰 기존 사업의 틈바구니를 채워 주는 인공지능을 만들어야 한다. 앞으로도 인공지능들은 인간과 초고성능 알고리즘 사이에서 끊임없이 자신의 위치를 확보하고 일어서고자 할 것이다.

인공신경망이 잘할 수 있는 일을 찾는 기업

　인공지능 기술 역시 그동안 존재했던 수많은 기술과 경쟁해야 한다. 인공지능 기업이 살아남기 위해서는 기존 기술 대비 효과가 좋은 기술들을 골라내어 그들 사이에서 생존 기반을 마련해야 한다. 그런 분야는 무궁무진하겠지만, 그중 한 예가 바로 소형 기기이다.

　4차 산업혁명 시대가 열리자 수많은 업체가 웨어러블, 스마트워치, 홀로렌즈 등 다양한 제품을 기획하기 시작했다. 이런 아이디어 실현에 필요한 요소 중 하나가 기기의 소형화이다. 소형화는 기기의 휴대를 간편하게 하고 전력 소모를 감소시킴으로써 응용처를 넓힌다. 노트북 PC는 크기가 너무 커서 웨어러블에 쓸 수 없지만, 손톱 사이즈의 USIM은 옷에도 삽입할 수 있다. 전력 소모 역시 노트북 PC의 CPU보다 훨씬 낮을 것이다.

　하지만 소형화는 필연적으로 몇 가지 단점을 동반한다. 가장 큰 단점은 각종 업무 생산성의 하락이다. 스마트폰의 예를 들어 보자. 스마트폰으로 문서를 작성하거나 복잡한 오피스 업무를 보는 사람은 없다. 태블릿 정도 크기가 되어야 휴대용 키보드를 붙여 조금 일을 해 볼 수 있다. 모두가 스마트폰보다는 키보드, 마우스를 통해 업무하는 것이 편하다는 것을 알고 있다. 이 책의 원고 역시 데스크톱 PC로 작성되고 있다. 스마트폰은 이를 개선하지 못한다. 기기가 작기 때문이다. 사무 작업을 위해 키보드, 마우스를 휴대하는 순간 스마트폰은 스마트폰이 아닌 무언가가 되어 버릴 것이다. 현재의 스마트폰을 있게 한 장점이 사무기기가 되는 것을 가로막는 것이다. 인공지능

[그림 5-9] ICA(독립성분 분석)의 원리

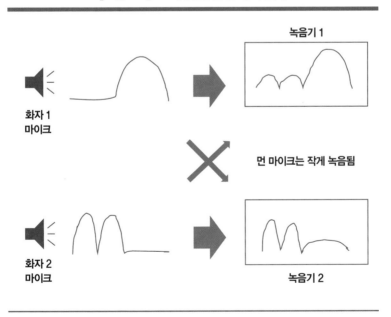

녹음기 1

화자 1
마이크

먼 마이크는 작게 녹음됨

화자 2
마이크

녹음기 2

기술은 이런 분야에서 중요한 기술적 대안을 제공할 수 있다. 입력기기의 대안이 될 수 있기 때문이다. 자동차 내비게이션 앱을 음성으로 조작하는 것이 그 예이다. 인공지능 기술은 손이나 키보드를 쓸 수 없는 여러 산업 환경에서 소형화된 기기를 통해 업무를 볼 수 있는 기회를 줄 것이다.

인공지능 기술은 생산성 기기 이외에 다른 기기에도 이익을 줄 수 있다. 바로 센서이다. 가상의 화자 분리 문제를 보자(칵테일파티 문제).[38]

한 장소에서 두 사람이 동시에 연설하고 있는데 두 사람이 하는 말을 분리해 녹음해야 한다고 해 보자. 화자를 분리하는 전통적 방법 중 하나는 [그림 5-9]와 같이 두 개의 마이크를 각기 두 사람 앞에 가져다 놓는 것이다. 두 사람 간 거리가 있다면 화자 1의 마이크에는 화자 1의 목소리는 크게, 2의 목소리는 작게 녹음될 것이다. 그 반대도 마찬가지이다. 이 녹음 결과를 비교하면 두 사람의 발화를 구분할 수 있다. 이런 방식을 ICA독립성분 분석라고 부른다.

그런데 소형 센서로 ICA 기반의 화자 분리 기기를 만들려고 하면 문제가 발생한다. 이 원리로 화자를 분리하기 위해서는 두 녹음기가 너무 가까이 있어선 안 된다. 기기의 성능은 동일 시간에 녹음된 두 음성의 차이가 클수록 좋아지기 때문이다. ICA를 기반으로 이와 같은 일을 하는 기기를 만들고자 할 때는 최소 2개의 센서가 필요하며, 화자 두 사람의 거리가 충분히 확보되어야 한다는 의미이다. 이렇게

---

38 여러 사람이 모여 떠들고 있을 때 각 사람의 대화를 분리하는 기술. 파티장에서 여러 사람이 떠들썩하게 대화하는 상황을 의미하기에 이런 이름이 붙은 것이다.

[그림 5-10] ICA를 이용한 가상의 화자 분리기. 무선 녹음기 2개와 컨트롤 기기 1개로 구성되어야 한다

되면 소형화는 매우 힘들다.

　요즘 이런 제품을 기획한다고 하면 ICA와 두 개의 녹음기를 이용해 제품을 만들 기업은 없다. 머신러닝 덕분에 ICA를 사용하지 않아도 되기 때문이다. 인공지능을 사용하면 녹음기 하나의 녹음 파일만으로도 화자 두 명을 분리할 수 있다. ICA라는 방법을 모르는 사람도 귀 한 쪽을 막은 채로 화자를 잘 구분하므로, 인공지능도 이를 할 수 있는 것이다.

　현대의 인공지능이 노려야 하는 분야 중 한 곳이 바로 여기다. 제품들이 작아지면 스마트폰의 경우 입력장치와 출력장치를 겸해야 하는 터치스크린이 작아지며, 각종 지문 센서나 심박 센서 등의 크기도 줄어들 수밖에 없다. 하지만 입력에 사용하는 사용자의 손가락은 작아질 수가 없다. 진동판 등의 부품이 필요한 마이크와 스피커 역시 크기가 줄어들게 된다. 그러다 보면 사용자 경험이나 정확도의 문제

[그림 5-11] 인공지능 기반 화자 분리기. 녹음 파일 하나만으로 화자 분리가 가능하므로 기기 1개로 충분하다

| 녹음기 | CPU | 저장소 | 5G모듈 |
| | | | 배터리 |

가 생겨나게 된다.

현재의 인공지능은 이런 문제 해결에 매우 탁월하다. 터치하기 너무 작은 크기라면 목소리를 사용하면 된다. 현재 소리를 문자로 바꿔주는 인공신경망STT: Speech To Text의 성능은 매우 뛰어나다. 이미 스마트폰 내비게이션 소프트웨어와 음성인식을 조합해 내비게이션을 조작하는 사람들도 상당수 생겨났다. 음악을 원하는 대로 재생하거나 전화를 걸어 주는 것은 덤이다. 또한 앞서 봤던 음성 분리의 예처럼 2, 3개의 센서를 조합해서 하던 일을 1개의 센서로 줄일 수 있다. 인공지능 기술이 접목될 경우 칩 하나SoC를 통해 데이터 수집 및 정제가 가능해진다는 의미이다. 기기의 단가와 관리 비용을 낮출 뿐만 아니라 정확도도 개선할 수 있게 되는 것이다. 메타버스, 유비쿼터스 등의 기술은 현실 세계의 정보를 가상 세계로 옮기는 것이 필수적이다. 이를 위해서는 센서의 성능이 매우 중요하다. 인공지능 기술은 이런 분야에서도 빛을 발할 것이다. 그리고 작은 기기들의 인증에도 인공

AI 혁명의 미래

지능 기술이 사용될 수 있다. 각종 소형 기기가 많아짐에 따라 센서의 크기도 작아져 기기의 주인을 확인하는 것이 어려워지는데, 이런 부분에서도 음성인식이나 사물인식 기술이 활용될 수 있다. 이를 통해 개인 정보 보안을 강화할 수 있다.

인공지능이 할 수 있는 일은 무궁무진하지만 기존 기술이 하던 일을 인공지능이 꼭 더 잘하는 것은 아니다. 생존해 나가기 위해서는 사용자들이 겪는 불편함을 찾아본 뒤 그중 인공지능이 훨씬 더 잘할 일들을 골라내야 한다. 앞서의 예들은 빙산의 일각일 뿐이다. 이런 방식으로 실속을 갖추고 성과를 내면 생존의 기반이 갖춰지고 데이터와 노하우가 모일 것이다. 그러다 보면 몇몇 인공지능 기업은 다시금 거대 인공신경망이나 일반 인공지능 등 세상을 바꿀 혁신을 만들어 낼 것이다.

Chapter 06

미래 사회의 변화상

지금까지 현재의 인공지능 기술이 어떤 변화를 겪으며 이 자리에 섰는지를 살펴봤다. 이러한 요소들을 모아 앞으로 일어날 일들에 대해 간략하게 이야기해 보자.

기업: 선택의 시간

인공지능 기술이 뉴스를 떠들썩하게 했던 지난 몇 년간 미국 실리콘밸리 기업들은 주목받은 반면, 제조업의 중요성은 상대적으로 저평가되었다. 이는 지난 몇 년간의 주가와 개인들의 매수 종목 등에서도 쉽게 드러난다. 그렇다면 이제 제조업은 저물고 인공지능 기술은 떠오른다고 할 수 있을까? 답은 '아니다'이다. 반대로 제조를 바탕으로 하는 기업들이 인공지능을 이해했을 때 더 큰 성과를 거두게 될 것이다.

언론을 수놓던 수많은 인공지능 기술을 복기해 보자. 이세돌을 이긴 강화학습신경망 알파고, 인간처럼 말하는 자연어처리 기술인 GPT-3 등 우리를 놀라게 한 기술은 많이 있다. 그런데 이 기술들 중 지금 상용화되어 우리의 일상에 파고든 것이 몇 개나 있는가? 이와 같은 순수 논문 기반의 화려한 신경망들의 사업화 시도는 제대로 성공하지 못하고 있다. 개발 자체가 잘되지 않는 경우도 있고, 신경망 자체는 개발되었으나 응용처를 찾는 데 곤란을 겪기도 한다.

반면 매우 소소하고 자잘한 인공신경망들은 상용화에 성공했다. 얼굴 인식, 그림에서 문자 추출하기ocr 등의 기술은 이미 우리 손 안의 스마트폰까지 다가왔다. 인식 기술의 발전은 괄목할 만하다. 그리고 이것이야말로 현재의 제조 대기업들을 도와줄 수 있는 핵심 기술이다. 거대 제조 대기업부터 중소형 공장까지, 자잘한 결함을 자동으로 발견해 주는 등 인공지능 기술을 통해 공장 내 병목을 해결할 수 있는 경우가 많이 있다. 이런 기업들은 자신의 도메인 자체는 잘 이해하고 있으나 여기에 인공지능 노하우를 접목하는 것에 어려움을 겪고 있을 뿐이다. 달리 말하면, 이들이 약간의 계기와 노하우만 얻으면 특정 분야에서 매우 강력한 해자를 구축할 수 있다. 네이버의 AI 페인터를 다시 생각해 보자. AI 페인터는 웹툰 서비스라는 막강한 데이터원을 가진 네이버이기에 만들 수 있었다. 한국의 제조 대기업들은 세계 일류이다. 당연히 이들이 가진 내부 데이터 역시 세계 일류이다. 이 데이터들을 기반으로 만들어진 인공지능은 시장이 협소할 수는 있지만, 그 시장 범위 안에서는 다른 회사가 따라올 수 없을 정도로 막강한 능력을 가질 수 있다.

크건 작건 기업들이 인공지능 기술을 접하는 것을 피할 수는 없다. 하지만 이들 중 득세하는 기업은 '멋진' 인공지능을 만드는 데 초점을 맞추기보다는 '실속'을 추구하게 될 것이다. 물론 우리 눈에는 매해 드러나는 드라마틱한 변화가 보이지는 않을 것이다. 하지만 그 사이 특정 기업과 경쟁 기업 간 알게 모르게 수익성 갭이 생겨나면서 서서히 순위가 바뀔 것이다. 그리고 좀 더 인공지능에 대한 이해가 높아지면 인공지능이 관련되어 보이지 않던 신사업에 시너지를 느끼고 갑자기 진출하는 등의 모습이 보일 것이다. 이 과정에서 산업계가 원하는 기술을 가진 인공지능 기업들과 이들이 원하는 각종 반도체와 센서 등을 공급하는 회사들이 떠오를 것이다.

인공지능 기업들을 기다리는 선택

인공지능 기업들은 제조 대기업들 이상으로 큰 선택의 기로에 놓여 있다. 기술이 관심을 많이 받은 만큼 빠르게 성숙했으며, 그만큼 인공지능 기업 내에서의 경쟁도 치열해지고 있기 때문이다. 네이버와 같은 기존 포털 서비스부터 일부 제조 대기업까지 인공지능에 진출하면서 순수하게 '인공지능 한다'는 것의 의미도 바뀌어 가고 있다. 인공지능 기업들은 회사의 정체성을 정확히 확립하고, 어떤 비즈니스 모델을 세워 나갈지 정해야만 한다.

중요한 선택 중 하나는 인공신경망과 데이터 중 어느 쪽에 비중을 두느냐다. 이 두 영역은 인공지능 기술의 꽃이며, 지금의 인공지능 시장을 있게 만든 1등 공신이다. 인공신경망에 집중하는 인공지능 기업들은 GPT-3와 같은 거대 신경망을 연구하거나 기존에 컴퓨터당 10개 할 수 있던 일을 컴퓨터 2개로만 처리할 수 있도록 바꾸는 등의 일을 중심에 두고 해야 한다. 문제는 인공신경망을 개발하는 데 필요한 자원이다. 인공신경망은 매우 높은 학문적 기초를 필요로 하기 때문에 인재 수준이 높아야 한다. 이러한 인재들은 시장에서 희소할 뿐만 아니라 임금도 매우 높고 많은 지원을 해 줘야만 한다.

반대로 인공지능 기업이 데이터 수집과 재학습에 특화하는 방법도 있다. 인공신경망 자체는 분명 중요한 기술이지만, 데이터가 가지고 있지 않은 특징은 무슨 수를 써도 인공신경망이 학습하지 못한다. 그러니 생각을 바꿔 데이터 수집 능력 자체를 진입 장벽으로 삼아 볼 수도 있다.

이 두 선택을 결정짓는 핵심 요소는 기업이 처한 비즈니스 환경에서 정말 희소한 자원이 무엇인지이다. NVIDIA의 GPU를 여러 개 묶은 컴퓨터(DGX A100)는 2020년에 출시했을 때 가격이 무려 2억 원을 넘겼다. 이 상황에서 상위 0.1%에 해당하는 뛰어난 인공지능 연구원을 영입해 2억짜리 컴퓨터에서 1개밖에 돌아가지 않던 서비스를 2개 운영할 수 있게 되었다고 하자. 이런 개선은 서버를 수백 대 사용하는 대규모 서비스에서는 혁신이겠지만, 특정 회사 안에서 잠깐 사용되는 서비스라면 낭비일 것이다. 차라리 데이터를 더 확보해 서비스 정확도를 높이는 것이 비용 면에서 효율적일 것이다.

인공지능 기업들을 기다리는 또 하나의 선택은 소프트웨어 회사에 필적하는 규모를 갖추느냐 아니면 적당한 규모를 유지하며 파트너십 모델을 가져가느냐이다. 앞서 우리는 인공신경망 자체만으로는 무언가를 하기 힘들며, 인공신경망은 서비스와 결합되어야만 그 의미가 있음을 확인했다. 인공지능 분야의 경쟁이 심해지면서 고객들은 사물 식별 엔진과 자동 채색 엔진 자체보다는 이 둘을 소프트웨어로 결합한 AI 페인터 자체를 더 선호할 가능성이 높다. 일반인들 입장에서는 둘 다 인공지능 기술이지만, 제공하는 회사 입장에서는 순수하게 인공지능만 하느냐, 인공지능과 소프트웨어를 같이하느냐의 문제가 되는 것이다. 하지만 소프트웨어 개발은 문화와 전통이 받쳐 줘야 해낼 수 있다. 그래서 인공지능 기업들은 회사의 체급을 크게 키워 인공지능 분야의 개발자 조직까지 꾸리거나, 자체 소프트웨어 역량 자체는 최소화하고 소프트웨어 역량은 가지고 있지만 인공신경망이나 데이터 수집 노하우 등 인공지능의 요소들은 부족한 회사와 B2B 협업을 해 나가는 두 가지 선택지 중 하나를 택해야 한다. 전자의 경우 종합 서비스 기업에 가까워지는 것이고, 후자는 부품 전문 기업의 형태로 나아가는 경우다.

현재 인공지능 기업들 앞에 놓인 선택의 난이도는 제조 기업들과는 비교가 되지 않을 정도로 높다. 인공지능 기업 사이의 경쟁도 심한 가운데, 이미 개발자 조직을 다수 갖춘 거대 포털 기업이 자체 인공지능 기반의 서비스를 늘려 가며 추격해 오고 있기 때문이다. 이 가혹한 환경에서 살아남기 위해서는 빠르게 선택해야 할 것이다. 이런 상황이 도래할 경우 소위 '있어 보이는' 인공지능 기술에 집중하던 기업보다는 자신의 파트너와 묵묵히 일하던 회사들이 상대적으로 더 눈에 띌 것이다. 화려한 기술의 경우 정말 강한 경쟁자와 싸워야 하겠지만, 제조업 등 파트너를 끼고 일하던 회사들은 사실상 '자기 자신과의 싸움'을 하면 되기 때문이다.

정부: 안보와
인공지능의 관계

　인공지능 기술은 국가 안보와 긴밀한 영향을 주고받을 것이다. 인공지능 기술은 그 자체로도 경제, 군사 등 영역에 큰 영향을 끼친다. 높은 부가가치를 가진 산업이고, 각종 산업의 생산성에 어마어마한 영향을 끼치며, 데이터라는 강력한 해자도 존재한다. GPT-3와 같은 거대 신경망의 경우 학습이 수개월 걸린다. 만약 이러한 인공신경망이 특정 회사들의 핵심 비즈니스 영역까지 진출할 경우 인공신경망 자체도 일종의 전략 무기화될 수 있다. 중요한 인공신경망을 한국에 의지하고 있는 국가는 한국과 친하게 지내려 할 것이다. 이는 인공지능 산업 자체가 안보를 지키는 방패가 될 수 있음을 의미한다.

　한편 인공지능 기술이 발전하기 위해서는 데이터뿐만 아니라 인재와 반도체 등 필수적인 부품 역시 안정적으로 공급되어야만 한다. 국가가 안보 불안을 겪을 경우 해외 인재의 유입이 곤란해질 수 있으며, 반도체와 같은 부품이 끊기면 수많은 회사가 인공지능 경쟁에서 불리한 상황에 처할 수 있다. 안보가 불안해지면 인공지능 기술 발전이 힘들어질 수도 있는 것이다.

인공지능 기술이 안보와 상호작용을 하게 되는 이상 정부가 가만히 있을 수는 없다. 정부는 산업이 바람직한 방향으로 성장해 나갈 수 있도록 다양한 방식으로 도와주어야 한다. 단 정부만이 할 수 있는 것을 찾아서 도와주는 것이 중요하다. 그중 하나가 바로 데이터 접근성 개선이다. 한국과 같이 각종 서비스가 전산화되어 있는 국가는 사람들의 이동 기록, 금융, 소비, 주행 등 많은 데이터를 얻어 낼 수 있다. 하지만 현재는 데이터들의 잠재력이 잘 발휘되지 못하고 있다. 각 인공지능 회사들이 개별적으로 데이터를 가진 회사와 연락을 취해 데이터를 분석하고 신경망을 학습시키고 있다. 이런 상황은 비효율을 부른다. 인공지능을 하고자 하는 회사들이 일대일로 데이터 관련 협약을 해야 하고 모두 각자 법무 검토를 해야 하는 등 중복된 일이 너무 많아지면서 기술 자체에만 집중할 수 없게 된다. 데이터 접근성이 높아지면 이 문제들은 해결되고 인공지능 기술 수준도 높아진다.

예를 들어, 모든 인공지능 기업이 공통으로 볼 수 있는 비식별화—개인 정보 보호가 완료—된 거대한 데이터가 있다고 하자. 이 데이터는 이미 개인 정보가 보호되었기에 인공지능 기업들이 법 위반을 걱정할 필요가 없다. 또한 데이터의 편향을 기존에 데이터를 사용해 본 기업이 발견했다면 그 이후 사용자들은 좀 더 나은 데이터를 쓸 수 있게 될 것이다. 그리고 이런 데이터들이 생기면 인공지능 전문 기업들의 실력을 비교하기도 쉬워진다. 동일 데이터를 기준으로 각 회사의 신경망을 적용하여 정확도와 처리 속도 등을 비교해 볼 수 있다. 데이터 처리 전문 기업들도 동일하게 공개된 데이터들을 두고 각자의 노하우로 가공해 봄으로써 그 실력을 판가름할 수 있다. 이렇게 되면 인공지능 연구 기업뿐만 아니라 수요자 기업들 역시 큰 이익을 보게 된다. 자신에게 맞는 파트너를 쉽게 구할 수 있기 때문이다.

인프라 설치 역시 매우 중요하다. 자율주행 자동차 등에서 나온 실시간 영상 정보를 서버로 전송해야만 할 수 있는 인공지능 기반 서비스가 있다고 해 보자. 과연 개별 인공지능 기업이나 포털이 특정 구역에 수백억 원을 들여 5G 망을 설치한 뒤 연구 개발을 할 수 있을까? 안전 문제 등 법적 문제 역시 다수 생겨날 것이다. 이런 경우에는 정부가 앞서서 연구 지역을 지정해 5G 등 미래 핵심 기술들이 적용된 영역을 만들고 그 안에서 안전을 보장하는 등의 조치를 취할 수 있다.

정부는 이와 같이 정보 교환 비용을 줄이거나 협력과 경쟁의 장을 만들어 내는 등 개별 기업들이 스스로 추진하기 힘든 일을 계속해 나가야 한다. 이를 통해 인공지능 관련 기업들은 핵심 기술에만 집중할 수 있게 되며, 경쟁력이 강화된다. 인공지능 파트너를 찾는 고객들 역시 각 기업들의 실력을 더욱 투명하게 파악할 수 있게 되며, 나아가 인공지능 기술이 국력을 키우는 데 이바지하게 된다.

개인: 서서히,
하지만 변하는 세상

인공지능으로 인해 일어나는 모든 변화는 개인에게까지 여파가 미친다. 개인이 사용하는 기기부터 일자리, 급여 등 여러 변화가 일어날 것이다. 여기서 중요한 것은 이러한 변화를 피상적으로 이해하지 않는 것이다.

당장 소비자는 크게 체감하지 못할 것이다. 현재 최종 소비자 입장에서 가장 와닿는 인공지능 서비스는 각종 얼굴 인식 기술, 카메라 앱, 빅스비와 같은 인공지능 비서 종류일 것이다. 이런 기술들은 편하기는 하지만 우리의 삶이 인공지능으로 인해 크게 바뀌었다는 느낌을 주지는 않는다. 하지만 이 앱들을 상용화시킨 인공지능 기술이 무엇인지 생각해 보면 이야기는 조금 달라진다.

각종 인식 기술은 자율주행차에도 사용 가능하다. 자율주행차가 상용화될 경우 물류 분야에 끼칠 영향은 파괴적이다. 자율주행 트럭은 최소한의 충전과 정비 시간만 주어지면 인간 운전기사와 달리 무한히 움직일 수 있다. 뿐만 아니라 간단한 알고리즘 하나만으로도 과적 등을 원천 차단할 수 있다. 사업자에게도 정부에게도 이익이 되는 것이다. 관리자 1명이 10대가 넘는 자율주행 덤프트럭을 운행한다고 생각해 보라!

대한민국에서 물류는 GDP의 2% 정도를 차지한다고 알려져 있다. 달리 말하면 자율주행 물류가 생겨날 경우 매해 GDP 2%에 해당하는 부의 주인이 바뀐다는 의미이다. 게다가 살펴봤듯 인식 기술은 사실상 상용화 상태이다. 의외로 규제 한두 개만 완화되어도 우리 앞에 찾아올 수 있는 미래인 것이다. 각종 생성 기술과 자연어처리 기술도 마찬가지이다. 당장 대규모로 전개될 사업 영역은 잘 보이지 않지만 이미 일부 영역에서 인간을 대체하고 있다. 생성 기술은 기존의 포토샵과 3D 전문가의 영역 중 일부를 차지했으며, 자연어처리 기술은 번역 분야와 기사 요약 등의 일을 하고 있다. 이 분야에도 돌파구가 나타날 경우 얼마든지 인식 기술과 비슷한 상황이 발생할 수 있는 것이다.

지금 인공지능이 하는 일은 인간 역사에서 지속적으로 반복되어 온 '효율성 개선' 작업의 연장선일 뿐이다. 기존의 프로그래밍으로는 자동화되지 않던 부분을 엔드 투 엔드 인공신경망이 가능하게 해 준 것일 뿐이다. 분명 인공지능은 개인의 삶에 다가오고 있으며, 어느 순간 내가 속한 직종에 어마어마한 영향을 끼칠 것이다. 법적인 규제가 사라지거나 기술의 돌파구가 한두 개 생겨나면 특정 산업 분야에 매우 폭발적인 영향력을 보여 주기 때문이다.

이런 순간에 중요한 것은 객관적인 지식이다. 인공지능이 '미래에는 인간의 모든 일자리를 뺏을 것이다'와 같은 종말론적 사고는 모든 생각을 마비시킨다. 객관적이고 정확한 지식을 통해 새로 나오는 인공지능 뉴스가 내가 속한 업종에 어떠한 영향을 끼치는지 분명히 알 수 있어야 한다. 만약 창작 분야에 속해 있다면 새로 등장한 생성 모델이나 언어 모델이 무엇을 하는지를 빠르게 이해해야 한다. 자신이 특정 산업에 속한 사람이라면 새로 등장한 인공지능 기술이 완전 자동화의 완전한 고리인지 아닌지를 파악할 수 있을 것이다. 그리고 이를 통해 기술에게 일자리를 빼앗기기보다는 기술을 조련해 자신의 충실한 시종으로 삼아야 한다.

혁신은 어떻게 시작되어 어디로 가는가

혁신의 발생과 개별 사건의 이해

길었던 이 책의 여정은 인공지능 기술에 대한 많은 것을 보여 주었다. 역사부터 현재, 미래의 이야기까지 다루면서 혁신이 어디에서 출발했으며 어떤 효과를 끼쳤는지 알아봤다. 이후에는 전체적으로 업계가 흘러가는 모습을 살펴봤다.

이 책의 큰 집필 목적 중 하나는 과거를 통해 새로운 사건을 어떻게 해석해야 하는지를 전달하는 것이다. 과거에도 생물의 구조를 따라 해야 한다는 올바른 아이디어를 가진 인공지능 연구원들이 있었다. 하지만 그들이 꿈꾸던 세상은 40년에 가까운 시간이 흘러서야 실현되었다. 처음에는 신경망 자체의 구조를 잘 이해하지 못했다. 하지만 이후 뇌를 연구해 구조를 상당히 알게 되었음에도 어려움은 계속되었다. 연구원들은 역전파, 심층신경망 등 새로운 발견들을 해 나갔지만 그것만으로는 상용 레벨의 신경망을 만들 수 없었다. 그때 나타난 것이 NVIDIA의 GPU이다. NVIDIA는 자신들의 병렬 연산기가 필요한 새로운 시장을 찾아다녔고, 인공지능 분야의 개척자들은 수많은 데이터를 빠르게 처리하고 싶어 했다.

이 책이 전하고 싶은 메시지 중 하나는 이것이다. 인공지능 분야의 가능성을 배우고 이를 통한 응용을 배우는 것도 좋다. 하지만 인공지능 기술급의 새로운 발전을 찾아내는 것이 더욱 중요하다. 그리고 그런 발견은 의외로 남들이 보기에는 전혀 무관해 보이는 만남에서 시작하기도 한다. 이를 위해선 각 기술이 진화해 온 과정, 기술이 다음 단계로 나아가기 위해 필요로 했던 것, 필요한 요소를 제공해 준 다른 기술 등과 같은 요소를 알아야 한다. 대한민국은 기술 강국이고, 사람 자체를 자원으로 여기는 국가이다. 인재들이 혁신을 찾아나가는 과정에서 온고지신의 교훈을 새겼으면 하는 마음이다.

이후에도 한국은 두뇌에 의지해 나아가야 한다. 그 과정에서 이 책이 작은 등불이라도 되고 기억에 조금이라도 남아 혁신의 마중물이 될 수 있다면 저자들로서는 큰 영광일 것이다.

인공지능의 시대 or 인공지능 겨울

우리는 이 책을 읽으며 혁신가들의 노력으로 인공지능이 어떻게 발전해 왔으며, 현재 놓여 있는 장벽은 무엇이고, 이를 이겨 내기 위해 혁신가들이 어떠한 노력을 하고 있는지를 알아봤다. 그리고 이러한 내용을 바탕으로 그동안 추상적이고 신기하게만 여겨졌던 인공지능 기술에 조금이나마 가까이 다가가 볼 수 있었다. 이번에는 이렇게 얻어 낸 지식을 바탕으로 현재 업계에서 화두인 한 주제에 대해 간단히 생각해 보자.

알파고가 등장하고 6년이 지난 2022년, 많은 사람이 인공지능 겨울AI Winter이 다시 찾아올지도 모른다고 말했다. 인공지능 겨울은 인공지능 분야에 물적·인적 자원의 공급이 크게 줄어들고 인기가 줄어드는 시기를 의미하는데, 살펴봤듯 이미 과거 인공지능 분야에서는 수차례 있었던 일이다. 과거의 겨울들은 인공지능 발전이 큰 벽에 가로막혔을 때 발생했는데, 지금의 인공지능은 이미 시장과 삶 깊은 곳에 침투해 있다고 하지 않았던가? 앞으로는 따뜻한 봄바람만이 있어야 하는 것이 아닌가?

하지만 이 모순되어 보이는 상황은 학계와 현업이 생각하는 인공지능 봄AI spring의 정의가 상당히 많이 다르기 때문에 일어나는 일일 것이다. 답보 상태에 빠져 있던 기존의 인공지능 기술은 은닉층을 통해 한계를 한 번 뛰어넘었고, GPU가 재발견된 뒤 상업적 사용의 조건이 갖춰지기 시작했다. GPU와 합쳐진 합성곱 신경망이 나타나 시각처리 분야의 혁신을 만들어 냈으나 곧 깊은 신경망 학습이라는 큰 문제에 마주쳤다. 그리고 이 위기는 다시금 ResNet, 드랍 아웃 등 각종 학습 방법의 혁신으로 돌파했다. 그리고 이때 개발된 ResNet의 핵심이었던 숏컷 개념은 GPT-3와 같은 거대한 신경망을 만들도록 해준 기초인 트랜스포머로 이어지게 되었다.

이와 같은 것이 학계 차원에서 일어나는 혁명이다. 혁신적인 아이디어를 통해 학계나 업계 전반에서 사용할 수 있는 새로운 발견을 해내는 것이다. 지금 상용 신경망은 CNN과 트랜스포머가 주름잡고 있다고 해도 과언이 아니다. 하지만 이와 같은 발견 이후 학계는 일반 인공지능이나 일반적으로 적용 가능한 퓨 샷 러닝을 돌파해 내지는 못했다. 이로 인해 학계는 겨울을 느끼고 있을 것이다. 현재 이뤄지고 있는 GPT-4 등의 새로운 자연어처리 인공신경망은 여전히 일반 인공지능과는 거리가 매우 멀다. 반도체 기술이 발전하는 속도를 봤을 때 이후에는 지금처럼 무어의 법칙을 뛰어넘는 속도로 파라미터 개수를 늘릴 수는 없을 것이다. 학계 역시 사람들의 기대를 충족해야만 계속 자금과 인력이 충원될 수 있는데, 대중이 생각하는 인공지능 기술의 다음 단계는 멀기만 한 것이다. 이 답보 상황을 타파하기 위해서는 새로운 방법론이 필요하다.

반면 산업계는 지금의 인공지능 방법론만으로도 기존에 할 수 없었던 수많은 일을 해낼 수 있게 되었다. 앞서 살펴봤듯 지금은 모두가 당연하게 사용하는 얼굴 인식, 대화를 문자로 바꾸는 일STT 등은 불과 2016년만 해도 컴퓨터 프로그래밍으로 하기가 매우 어려워 인간에게 맡겨야만 했다. 인공지능 기술은 손바닥 안의 센서 덩어리인 스마트폰과 거대한 연산 서비스인 클라우드와 합쳐져 세상의 많은 곳을 바꾸고 있다. 게다가 현재 인공신경망의 학습 방법론은 매우 잘 갖춰졌으므로 특정 도메인에 맞는 데이터만 구하면 얼마든지 응용이 가능하다. 얼굴 인식 기술은 마스크 쓴 얼굴만 잘 구분하는 얼굴 인식과 같이 응용할 수 있으며, STT는 패스트푸드 주문을 수월하게 받는 STT, 노래 가사만 잘 따는 STT, 농촌용 STT 등으로 분야에 맞춰 심화 학습이 가능하다. 응용처가 분명하고 수익이 높으므로 자본과 인력이 부족해지는 일은 없을 것이다.

자동차 내연기관은 지난 100년을 주름잡았다. 하지만 그 이론적 기초는 크게 변하지 않았다. 또한 우리는 지난 100년을 내연기관 겨울이라고 부르지 않는다. 아마도 인공지능 역시 비슷한 길을 걸을 것이다. 늘 그랬듯 일부는 겨울 찬바람을 맞으며 다시금 미개척 지대를 향해 새로운 방법론을 찾아 나아갈 것이고, 대부분은 응용과 현업에 집중하게 될 것이다.

이 책을 읽는 분들은 이 카테고리를 잘 분류해 의사결정을 하길 바란다. 단순히 인공지능이 흥할 것이다, 망할 것이다 수준의 단순한 의사결정을 해도 되는 시기는 지났다. 이 책이 앞으로 인공지능 분야가 단시간 내에 해낼 수 있는 것은 무엇인지, 굉장히 긴 호흡으로 진행 중인 것들은 무엇인지를 파악하는 데 도움이 되었으면 한다. 그리고 이러한 지식을 통해 독자들의 의사결정 디테일이 높아졌으면 하는 바람이 있다. 대학생이라면 진학 방향을 단순히 인공지능이라고 하기보다는 인공지능 학습 전문가, 신경망 연구, SNN 연구 등 조금 더 구체적인 진학 목표를 잡을 수 있을 것이고, 기업에 투자를 고민하는 사람이라면 투자 대상 회사가 하고자 하는 바가 얼마나 현실적인지, 사업화가 임박한 모델인지 혹은 완전히 새로운 길을 가는 회사인지를 구분해야 할 것이다. 이 책이 그 결정에 도움이 될 것이다.

부록

용어 설명

이 책에는 상당히 어려운 기술적 용어들이 등장한다. 책에 등장하는 기술적 용어들에 대해 간략히 설명하고 그 뒤에 숨어 있는 의의를 살펴보도록 한다. 이해가 되지 않는다면 반드시 읽을 필요는 없다.

1
인공지능, 인공신경망, 기계학습, 엔드 투 엔드

이 책에 등장하는 핵심 단어는 인공지능AI, 인공신경망, 기계학습 세 가지다. 이 단어들은 업계에 속한 사람이라면 크게 헷갈릴 일이 없으나 독자들은 많이 헷갈릴 수 있으므로 설명한다.

일단 인공지능이라는 것은 학문의 한 갈래이자 문제를 해결하는 컴퓨터 프로그래밍의 방법론 중 하나로, 인간의 지능 일부나 전체를 주로 컴퓨터를 통해 구현한 것이다. 쉽게 말하면, 20년 전 바둑 게임의 컴퓨터 대전과 알파고를 통한 대전 모두 인공지능에 기반한 것이다. 둘 사이의 차이는 구현 방법과 이로 인한 성능(승률)뿐이다.

인공신경망은 인공지능을 구현하는 방법 중 하나로, 생물의 신경망 구조의 일부를 본떠서 만든 인공적 구조다. 대부분의 인공신경망은 실체를 가진 물건이라기보다는 컴퓨터 프로그램의 형태로 구현되어 있다. 컴퓨터를 통한 일종의 신경망 시뮬레이션인 셈이다. 흔히 듣는 합성곱 신경망CNN, 트랜스포머Transformer 등이 모두 인공신경망이며, 이들을 조합해 만든 더욱 거대한 신경망들도 인공신경망으로 불리므로 헷갈릴 수 있다.

기계학습은 경험을 통해 스스로 학습하는 프로그램을 만드는 방법론으로, 인공지능의 하부 분야이다. 기계학습에 반드시 인공신경망이란 개념이 들어갈 필요는 없다. 예를 들어 '지난 1년간의 소비 패턴을 분석해 이번 달 고객의 소비량을 분석'하는 알고리즘을 만들었다면, 그 뒤에 있는 것이 인공신경망이건 아니건 기계학습이 적용되었다고 할 수 있다. 그저 요즘은 인공신경망 기반의 알고리즘들이 뛰어날 뿐이다.

엔드 투 엔드는 투입된 데이터를 인위적으로 재가공하지 않고 원하는 결과값을 뽑아내도록 만들겠다는 목표이자 사상이다.

즉 인공지능은 기계학습의 상위 범주이며, 기계학습은 스스로 개선되는 알고리즘을 만드는 인공지능의 한 분야이다. (인공지능이 반드시 학습이 가능해야 할 이유는 없다.) 그리고 인간의 신경세포 구조를 따라 해서 만든 일종의 소프트웨어이다. SVM과 같이 인공지능 구현에 사용해 볼 수 있는 요소 중 하나일 뿐이지만, 현재로서는 가장 성공적인 요소라 할 수 있다.

위 용어들을 기반으로 이 책의 일부 내용을 정리하면 다음과 같다. '사람들은 개와 고양이를 구분하는 프로그램을 만들고 싶어 했다. 수많은 방법 중 기계학습이 가능한 인공신경망으로 만들어진 엔드 투 엔드로 동작하는 인공지능이 성공했다.'

2
인공지능 학습 기법: 역전파 방법론

과학자들은 인공신경망을 학습시키기 위해 여러 문제를 해결해야 했다. 그중 중요한 문제는 '어떤 방향으로 시스템 안의 인공 뉴런 간 연결 세기를 바꿔야 더 나은 추론 결과가 나오는가'를 판단하고 연산하는 것이었다. 만약 개 사진을 추론에 사용했는데 신경망이 고양이

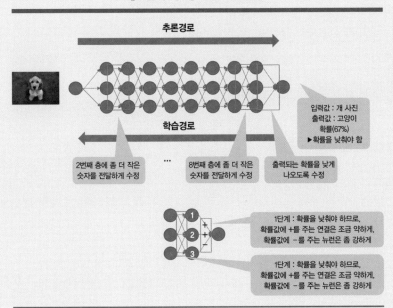

[그림 부록-1] 역전파 방법론

라는 값을 내보냈다면 고양이일 확률을 높이는 부분들을 찾아서 연결 세기를 낮춰 주면 점점 더 정답에 가까워질 것이다.

역전파는 쉽게 말하면, 인공신경망 전체를 한 번에 학습시키는데 학습 기준은 '각 층이 다음 층에 조금 더 바람직한 값을 넘기도록' 만드는 것이다.

[그림 부록-1]처럼 개 사진을 입력했는데 인공신경망이 고양이일 확률이 더 높다고 응답했다고 해 보자. 개 사진이 들어왔으므로 고양이일 확률이 낮아지는 것이 제대로 된 학습 방향인 것을 알 수 있다. 고양이일 확률은 출력 직전의 3개의 뉴런이 건네주는 값에 의해 정해진다.

[그림 부록-1]의 아래 그림과 같이 뉴런 1, 2는 출력되는 확률에 +의 영향을 주고, 뉴런 3은 -의 영향을 주는 상황이라고 해 보자. 이때 뉴런 1, 2가 전달해 주는 수치는 약간 줄이고, 뉴런 3이 전해 주는 수치는 약간 키운다면 67%라는 숫자가 약간 작아질 것이다. 그러니 이 뉴런 1, 2에서 출력으로 보내는 세기는 약화시키고, 3에서 보내는 세기는 강화시키는 방향으로 살짝 바꿔 보는 것이다.

이제 한 단계 전 층으로 가는 것이다. 우리는 뉴런 1, 2에서 나오는 값이 강해질 경우 고양이일 확률이 올라감을 이미 알고 있다. 그러니 그 전 층은 뉴런 1, 2에게 보내는 값을 약하게 만들도록 학습시켜야 한다. 예를 들어, 뉴런 1은 뉴런 A와 B의 값을 받아서 동작하므로 이 두 화살표의 세기를 약화시키면 된다. 이런 방식으로 계산을 해 나가면 매번 데이터가 들어올 때마다 신경망 전체를 조금씩 더 학습시킬 수 있게 되는 것이다.

힌튼은 이런 방식을 사용할 경우 신경망 안의 화살표(연결 강도)들이 현재 에러에 기여하는 정도를 파악할 수 있음을 알아냈다.[39] 이 계산을 순수하게 곱셈, 덧셈과 간단한 미분만으로 할 수 있다는 것도 깨달았다. 이 발견은 추후 GPU가 인공신경망의 핵심 부품이 되도록 하는 중요한 역할을 한다.

---

39 정확하게는 역전파 방식을 통해 인공신경망 내에 존재하는 개개 화살표의 파라미터 변화에 대한 편미분값을 알 수 있다는 것이다. 위 예에서는 편미분값이 음수인 화살표들은 약간 강하게, 양수인 화살표는 약하게 만들면 되는 것이다.

3
인공지능 학습 기법: 드롭아웃

인공신경망 내의 뉴런과 연결이 늘어나면서 각 부분에 적절한 역할을 부여하는 것도 힘들어졌다. 인공 뉴런 1억 개가 총 2억 개의 연결 관계를 갖는 것과 인공 뉴런 2억 개가 총 4억 개의 연결 관계를 갖는 것 중 후자가 좀 더 정확한 결과를 낼 가능성이 높을 것이다. 하지만 실제로 학습을 해 보면 인공신경망의 학습은 상당히 번거롭고 어렵다. 인공신경망은 인간의 말을 알아듣지 못하며, 오로지 투입된 데이터에 대한 정답 vs. 신경망이 낸 답변만을 통해 학습을 해 나간다. 만약 신경망이 개 사진을 보고 고양이라고 했다면 고양이에 가까운 답을 내도록 학습하지만 그 학습 방식이 반드시 바람직하다고는 할 수 없다. 앞서 살짝 살펴본 과적합Overfitting 문제가 발생할 수 있는 것이다.

과적합이 발생할 경우 인공신경망은 인간이 학습으로 낸 문제 자체를 '외워' 버리는 식으로 행동하게 된다. 인공신경망에 개 사진을 투입했더니 개일 확률이 99.99%가 나와 버리는 것이다. 일반적으로 이런 것은 좋은 징후가 아니다. 신경망이 개의 눈, 코, 입, 주둥이 길이 등 개를 구분하는 기준을 배운 것이 아니라 학습 데이터로 준 사진을 판박이처럼 외워 버렸다는 의미이기 때문이다. 이런 신경망에 학습에 한 번도 사용하지 않은 개 사진을 보여 주면 추론에 실패할 가능성이 높다.

이런 일이 발생하는 이유 중 하나는 인공신경망 내의 뉴런들이 골고루 학습되지 않기 때문이다. 학습 초기값의 세팅이 불균형하거나 학습된 데이터의 특징 등에 따라서 이런 일이 발생할 수 있다. 예를 들면 [그림 부록-2]와 같이 특정 순간 인공신경망을 보면 소수의 뉴런만이 결과값에 크게 영향을 미치도록 학습되어 있을 수 있다.

현재 인공신경망의 학습 방법론상 이와 같은 상황을 그대로 두면 연결 강도가 약한 뉴런들은 학습이 제대로 되었건 아니건 최종 결과값에 끼치는 영향이 작으므로 제대로 학습이 되지 않는 것이다. 우리

[그림 부록-2] 일반적인 인공신경망 연결 구조(좌)와 드랍 아웃 적용 후(오른쪽)

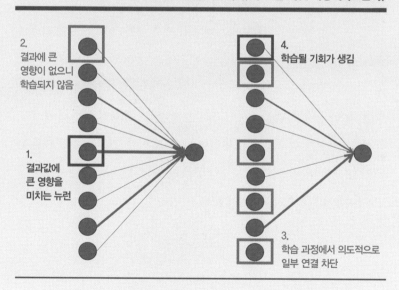

는 저 뉴런 모두가 비슷하게 결과에 영향을 미치길 바라지만, 우연함과 데이터의 영향으로 인해 저런 일이 생길 수 있다. 조별과제 수행 중 능력이 좋은 사람들에게 게으른 사람이 묻어가는 것과 비슷하다.

이는 마치 사람에게 코끼리 구분법을 가르치는 것과 같다. 코끼리 전문가를 키우기 위해 신입 사원을 코끼리를 시각뿐만 아니라 냄새, 촉각, 소리로도 찾아낼 수 있도록 가르치고 싶은데, 시각이 미치는 영향이 워낙 크니까 시각 이외의 나머지 요소는 익히지 않게 되어 버리는 것과도 같다. 이렇게 학습하면 직원은 시각이 약해지는 밤에는 코끼리를 찾지 못할 것이다.

드랍 아웃은 이런 상황을 해결하는 테크닉이다. 인공신경망 학습 과정에서 의도적으로 특정 뉴런들의 연결을 끊어 버림으로써 특정 상황에서 연결이 약한 뉴런들이 학습할 기회를 주는 것이다. 이는 마치 코끼리 전문가를 학습시키기 위해 가끔은 눈을 가리고 코끼리를 찾게 시키고, 코를 막아 보고, 촉각을 쓰지 못하게 하면서 반복적으로 학습시키는 것과 같다. 정답을 유추하는 데 크게 의존하던 뉴런이 차단되니 새로운 무언가를 익히게 되는 것이다. 그리고 실제로 코끼리를 찾으러 나설 때는 눈, 코, 입, 손 등 모든 감각기관을 풀어 주는 것이다. 이렇게 함으로써 코끼리에 대해 잘 아는 전천후 전문가를 만들어 내는 것이다. 이 드랍 아웃 테크닉은 2012년 이미지넷 우승에도 큰 기여를 한 것으로 알려져 있다.

4
자료의 정확도: 16비트와 32비트

인공지능에 관련한 각종 글을 읽다 보면 16비트, 32비트, 정수, 부동소수점 등 이해하기 힘든 컴퓨터 관련 단어들이 나온다. 당장 NVIDIA의 GPU만 봐도 최대 성능을 FP16, FP32 등에 따라 다르게 나타낸다. 결론부터 말하면 이들은 컴퓨터에 숫자를 얼마나 자세하게 표시할 것이냐를 의미하는 수치다.

우리가 인공신경망을 학습했다고 하면, 그것은 무엇을 의미하는 것일까? 사실 학습된 인공신경망이라는 것은 각종 숫자(파라미터)들

[그림 부록-3] 합성곱 커널의 값 예시

0.34	0.33		0.07
0.11	0.44	...	0.18
	...		
0.09	0.18		0.45

이 메모리에 저장된 것에 지나지 않는다. [그림 부록-3]을 보면 알 수 있다.

　인공신경망은 특정 입력값—사진, 글자, 목소리 등—을 신경망이 이해할 수 있는 산술적 숫자로 변환시킨 다음, 이들을 신경망 안에 있는 파라미터들과 곱하고 더하는 등의 연산을 취함으로써 최종적으로 추론값을 얻어 낸다. 계산하는 양이 매우 많을 뿐 계산법은 대부분 곱셈 덧셈으로 매우 간단하다.

　여기서 자료 비트 수—16비트, 32비트—는 인공신경망의 파라미터로 쓰이는 숫자가 얼마나 자세히 표현되느냐의 차이일 뿐이다. 디

[그림 부록-4] 네 자릿수 덧셈과 여섯 자릿수 덧셈이 필요로 하는 물리적 공간 차이

12칸

		1	2	3
+		4	5	6
0		5	7	9

18칸

	8	2	3	4	5
+	7	4	3	2	1
1	5	6	6	6	6

지털 회로는 0과 1의 조합으로 모든 숫자를 만들어 내기 때문에 무한한 정확도를 가질 수 없다. 자료 비트 수라는 것은 숫자를 얼마나 세밀하게 저장할 것이냐의 단위라고 생각하면 된다.

앞서 볼 수 있듯 수 하나를 표현할 때 물리적 공간이 더 많이 할당되면 숫자를 더 세밀하게 표현할 수 있다. 기존의 컴퓨터들은 정확도가 필요하지 않은 경우 수 하나를 표시하기 위해 공간 8개(8비트)만 사용하기도 하지만 매우 정확한 계산 결과가 필요한 경우에는 최대 128비트까지 사용하기도 한다. 이는 인공신경망에서도 마찬가지이다. 인공신경망의 각 파라미터에 32비트씩 사용함으로써 좀 더 계산의 정확도를 높일 수도 있고, 아니면 16비트를 이용해 공간을 절약함으로써 더 깊은 신경망을 구성하거나 동일한 신경망을 2배 배치함으로써 처리량을 높일 수도 있다.

NVIDIA에 따르면 일반적으로는 32비트와 같이 세밀한 숫자로 학습을 해야 학습 성공 가능성이 높아지며, 학습된 신경망을 기반으로 서비스를 할 때는 학습된 신경망을 16비트로 낮춰 써도 큰 문제가 없는 것으로 알려져 있다.[40]

---

40 학습 과정에서 세밀하지 않은 숫자를 쓸 경우 인공 뉴런의 파라미터가 0으로 죽는 경우가 많이 생기기 때문이다. 개별 인공 뉴런의 파라미터는 0값으로 빠지면 이후 학습이 안 될 가능성이 매우 높다. 32비트에서 0.0000001로 나타나는 숫자는 16비트에서는 0이 되어 버린다.

5
자료형: 정수와 부동소수점

자료형은 크게 정수형Integer: INT, 부동소수점Floating point: FP으로 나뉜다. 정수형은 '1, 2, 3…'과 같이 숫자로 떨어지는, 셀 수 있는 형태의 숫자를 의미한다고 생각하면 쉽다. 부동소수점은 0.1234처럼 연속적으로 표현되어야 하는 실수를 표현하기 위한 것이다.[41]

인공신경망이 사용하는 자료형은 처음 해당 인공신경망을 만든 사람이 정하는 것이다. 원한다면 정수를 써도 되고 부동소수점을 써도 된다. 다만 대부분의 상용 인공신경망들은 부동소수점을 사용하게 되어 있다. 그 이유는 인공신경망 학습에 사용하는 기울기 하강법 자체가 인공신경망이 연속적인 숫자를 사용할 것이라고 상정하고 개발되었기 때문이다. 하지만 하드웨어 관점에서 보면 부동소수점 연산기는 매우 복잡하다. 따라서 특정한 신경망들은 아예 정수만을 이용해 처리되도록 만들어졌으며, 기존의 부동소수점 기반 신경망을 정확도 하락을 감수하고 정수형으로 바꾸는 기법(정수 양자화) 등이 개발되기도 했다. 알파고는 Google이 자체적으로 개발한 하드웨어

---

41 트랜지스터의 개수 한계로 인해 실제 컴퓨터의 부동소수점 표현 방식으로는 무한히 작은 숫자를 표현할 수 없다.

인 TPU v1에서 작동하도록 만들어졌는데, 당시 Google의 TPU v1은 정수형 자료—INT 8, INT 16—만 이용해 동작했다. 2016년 이세돌을 꺾음으로써 알파고와 TPU는 성공적으로 데뷔했다. 하지만 이후 상용 서비스에 사용된 TPU v2은 결국 부동소수점 연신도 지원하도록 바뀌었다. 면적당 효율을 포기하는 대신 범용성을 선택한 것이라 볼 수 있을 것이다.

투자의 규칙

매튜 갈가니 지음 | 김태훈 옮김 | 408쪽 | 19,500원

우리가 주식시장에서 지켜야 할 규칙에 대해 이야기하는 책이다. 언제 매수해야 할까? 시장이 확실하게 상승추세에 접어들었을 때다. 언제 매도해야 할까? 상승추세가 압박을 받는다고 여겨지거나 시장이 분명하게 조정받고 있다고 느낄 때다. 이를 달리 말하면 상승추세가 더 이상 확실하지 않은 시점이다.

현명한 지표 투자

고재홍(재콩), 새로운길 지음 | 304쪽 | 18,800원

『현명한 지표 투자』는 8가지 업종을 예로 들어 지표를 분석하는 방법을 알려 준다. 또한 현재 '지표상회'라는 서비스의 공동 운영자인 두 저자의 업종 지표를 활용한 다양한 투자 방법론도 소개되어 있다. 개별 기업에 투자하는 사람이라면 반드시 염두에 둬야 할 사항이 상세하게 적혀 있다.

채권투자 핵심 노하우

마경환 지음 | 403쪽 | 22,000원

이 책은 어렵게만 느껴졌던 채권투자의 핵심을 투자자의 눈높이에 맞추어 속 시원히 알려준다. 어려운 학술적 정의나 이론은 배제하고 채권의 기본부터 경기 상황별 투자법, 채권펀드 선택법 등 소중한 투자 자산의 관리 전략을 수립할 수 있도록 도와준다.

고레카와 긴조

고레카와 긴조 지음 | 강금철 옮김 | 364쪽 | 14,800원

일본주식시장에서 투자의 신으로 불리는 고레카와 긴조가 직접 집필한 유일한 자서전이다. 고레카와 긴조는 일본 내에서는 워런 버핏이나 피터 린치보다 더 투자자들에게 영향을 끼친 인물로, 벤저민 그레이엄보다 먼저 가치투자의 가치를 발견, 직접 투자에 응용 어마어마한 수익을 올렸다.

실전 차트 패턴 63

윌리엄 자일러 지음 | 김태훈 옮김 | 284쪽 | 18,500원

윌리엄 자일러가 쓴 유일한 책으로, 1962년에 출간되어 수많은 트레이더에게 요긴하게 쓰였다. 그래서 이 책을 기술적 분석의 고전이며, 실전 투자의 필독서라 부르기도 한다. 지금도 63가지 차트 패턴은 유효하다. 따라서 새로운 세대의 투자자에게 이 책은 수익을 올릴 수 있도록 도와주는 필독서가 될 것이다.

거래의 신 혼마

혼마 무네히사 원작 | 이형도 편집 | 335쪽 | 16,000원

일본 에도시대 8대 쇼군 때 쌀 거래로 일본 경제를 흔들었던 천하제일 갑부 혼마 무네히사의 투자 비법을 담은 책이다. 전 세계에서 사용되고 있는 캔들 차트와 우리나라에는 '사께다 전법'으로 잘 알려진 혼마 무네히사의 '사카타 5법'을 통해 세계 투자자들이 참고하는 투자 비법을 전수한다.

차트의 해석

김정환 지음 | 504쪽 | 23,000원

베스트 애널리스트이자 최고의 기술적 분석가인 저자 김정환의 스테디셀러인 『차트의 기술』의 심화 편이라고 할 수 있다. 『차트의 기술』이 기술적 분석을 위한 기초를 다지게 했다면, 『차트의 해석』은 기술적 분석에 관한 지표나 매매 전략의 의미를 명확히 하여 실제 시장과 종목의 움직임에 대응하는 방법을 알려준다.

ETF 처음공부

김성일 지음 | 524쪽 | 21,500원

『ETF 처음공부』는 '자산배분의 대가'로 불리는 김성일 작가의 신작으로 ETF의 기본 개념과 용어 설명은 물론이고 국가별·자산별·섹터별 투자 가능한 ETF들과 투자성과까지 조사한 책이다. 저자는 투자 포트폴리오는 물론이고 ETF별 수익률을 낱낱이 공개하며 초보자로 하여금 보다 안전한 투자를 할 수 있게끔 도와준다.

시장의 마법사들

책 슈웨거 지음 | 임기홍 옮김 | 598쪽 | 26,000원

세계 최고의 트레이더 17인의 인터뷰집이다. 성공한 트레이더는 시장에서 어떤 방법을 사용하였는지, 어떻게 항상 시장에서 높은 수익을 올릴 수 있었는지, 어떤 매매원칙을 고수하였는지, 초기 매매경험은 어떠했는지, 다른 트레이더들에게 어떤 조언을 해주고 싶었는지를 밝힌다.

현명한 반도체 투자

우황제 지음 | 448쪽 | 19,500원

광범위한 반도체 산업의 이론적인 디테일을 쉽게 풀어 반도체 소재 · 설계 · 장비 분야의 투자까지 연결할 수 있도록 도와주는 유일무이한 책이다. 전기전자공학을 전공하고 10년이 넘는 세월 동안 산업의 구별 없이 200개 이상의 기업에 대해 보텀업과 톱다운 분석을 꾸준히 진행해 온 저자의 내공이 담겨 있다.

차트의 기술

김정환 지음 | 496쪽 | 22,000원

국내외의 다양한 투자 사례와 해박한 동서양의 인문지식으로 누구나 쉽게 이해할 수 있도록 설명하는 책이다. 최근 기본적 분석과 기술적 분석에 이어 제3의 분석법으로 각광받고 있는 심리적 분석법을 사례를 들어 설명하며 독자들의 이해를 높인다.

반도체 제국의 미래

정인성 지음 | 440쪽 | 18,500원

4차 산업혁명 시대, 반도체는 선택의 문제가 아닌 생존의 문제이다. 미국의 공세, 중국의 야망, 대만 · 일본의 추격… 치열한 경쟁의 세계에서 우리 삶을 좌우할 새로운 제국은 누가 차지할 것인가. 삼성전자, 인텔, TSMC, 엔비디아 등 21세기 승자의 법칙을 통해 흔들리는 패권 속 미래를 전망해본다.

엘리어트 파동이론

엘리어트 지음 | 이형도 엮음 | Robin Chang 옮김 | 309쪽 | 14,500원

금융시장의 핵심 이론 중 하나인 '엘리어트 파동이론'의 원전을 만난다. 엘리어트는 66세가 넘어 처음 주식시장에 발을 들였고 사망하기 전까지 10년간의 활동으로 전 세계 금융시장에 일대 충격파를 던졌다. '파동이론'은 지금도 금융시장의 분석도구로 유용하게 사용되고 있다.

심리투자 법칙

알렉산더 엘더 지음 | 신가을 옮김 | 588쪽 | 27,000원

아마존에서 20여 년 넘게 장기 베스트셀러의 자리를 지키고 있는 『심리투자 법칙』이 21년 만에 개정판으로 출간됐다. 이번 전면 개정판은 주가분석, 트레이딩 계획 수립, 자신의 트레이딩 역량 평가에 대한 새로운 해법을 제시한다. 또한 최신 차트로 모두 변경했고, 규칙과 기법에 관한 명쾌한 해설 역시 첨부했다.

실전 공매도

김영옥 지음 | 368쪽 | 18,500원

실전투자대회에 참가하여 수차례 수상한 저자는 20여 년간 트레이딩을 성공적으로 해왔고, 자신의 매매(매수 · 공매도)와 수익을 직접 책에 인증했다. 그는 이 책에 필승 매수 기법을 포함하여 개인투자자가 직접 공매도(대주, 대차, CFD) 거래를 통하여 수익을 내는 기법을 국내 최초로 공개했다.

어느 주식투자자의 회상

에드윈 르페브르 지음 | 박성환 옮김 | 452쪽 | 14,800원

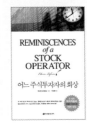

이 책의 작가 에드윈 르페브르는 20세기 전반 주식시장을 주름잡던 '월스트리트의 황제', '추세매매법의 아버지' 제시 리버모어를 인터뷰하여 만든 가공의 인물 래리 리빙스톤을 통해 현대의 금융시장을 이해하는 핵심적인 코드이자 주식시장을 간단히 꿰뚫어버릴 수 있는 해법을 소개한다.

AI 혁명의 미래

초판 1쇄 발행 2023년 1월 6일
　4쇄 발행 2024년 5월 23일

지은이 정인성, 최홍섭

펴낸곳 ㈜이레미디어
전화 031-908-8516(편집부), 031-919-8511(주문 및 관리)
팩스 0303-0515-8907
주소 경기도 파주시 문예로 21, 2층
홈페이지 www.iremedia.co.kr | **이메일** mango@mangou.co.kr
등록 제396-2004-35호

편집 이병철 | **디자인** 유어텍스트 | **마케팅** 김하경
재무총괄 이종미 | **경영지원** 김지선

ISBN 979-11-91328-74-5 (03320)

· 가격은 뒤표지에 있습니다.
· 잘못된 책은 구입하신 서점에서 교환해드립니다.
· 이 책은 투자 참고용이며, 투자 손실에 대해서는 법적 책임을 지지 않습니다.

당신의 소중한 원고를 기다립니다. mango@mangou.co.kr